社会福祉の基本と課題

井村圭壯・相澤譲治 [編著]

勁草書房

はしがき

　わが国は人口減少社会に突入した。50年後、人口は4000万人減少すると推計されている。また、本格的な少子・高齢社会を迎え、2060年の高齢化率は39.9％と予想されている。

　わが国において、65歳以上の人口比率でいえば1970年に7％、そして1994年に14％となり、わずか24年の所要年数によって急激な人口高齢化が進展した。そして、平均寿命の伸び、核家族化と高齢者世帯の増加等、人口動態も変化している状況である。

　一方、地域社会にあっては、住民同士の「つながり」が希薄化している状況もある。地域社会によっても高齢化率は大きく異なっている。全国的に共通といえる福祉課題もあるが、地域がかかえる福祉課題の内実は多様化している。

　また、男女共同参画社会の実現に向けて、社会全体の活用を推進していかなければならない。そのためにも多様な働き方ができるようにワーク・ライフ・バランス（仕事と生活の調和）の実現する社会を国、企業、地方公共団体、住民主体等による具体的な取組みの検討が要請されている。

　このような現実の中、社会保障をはじめ社会福祉に関する問題（課題）に対応する制度は決して十分な内容となってはいない。その大きな要因は、財政問題である。社会保障と税の一体改革をはじめとする論議を重ねながらも、国民の生活が少しでもゆたかになるような地域システムをつくりあげていかなければならないであろう。

　本書は、社会福祉の各分野に関して、特に制度、法律の基本的内容とその課題について論述している。近年、制度の改正や新しい法律の制定が続いている。本書は、そうした制度や地域包括システムに特化した視点から分析を行っている。

本書の執筆、編集にあたっては、各執筆者の方々、そして勁草書房編集部関戸詳子氏に大変お世話になった。紙面を借りて感謝申し上げる。

2015 年 1 月 1 日

編著者

目　　次

第1章　生活と社会福祉 …………………………………………… 1
第1節　現代の生活と社会福祉 ………………………………… 1
1　私たちの暮らしを考える／2　少子高齢社会の到来
第2節　社会福祉と社会保障 …………………………………… 3
1　社会福祉の概念の捉え方／2　社会福祉の概念から社会福祉の実践へ
第3節　保健・福祉・医療の連携 ……………………………… 7
1　連携の現状／2　連携の課題

第2章　社会福祉の歴史 …………………………………………… 11
第1節　欧米の社会福祉の歴史 ………………………………… 11
1　イギリス近世の救貧から新救貧法へ／2　民間慈善事業と貧困の科学的解明／3　社会改良と救貧法廃止の動き／4　アメリカの社会福祉の展開／5　福祉国家の成立とその後の福祉改革
第2節　日本の社会福祉の歴史 ………………………………… 17
1　近代社会における救済事業／2　社会事業と厚生事業／3　戦後の3法体制／4　高度経済成長期の6法体制／5　福祉見直し期から福祉改革の時代／6　2000年以降の権利保障

第3章　社会福祉の法律 …………………………………………… 25
第1節　社会福祉法 ……………………………………………… 25
第2節　福祉6法 ………………………………………………… 26
1　児童福祉法／2　身体障害者福祉法／3　生活保護法／4　知

的障害者福祉法／5　老人福祉法／6　母子及び父子並びに寡婦福祉法
　第3節　関連した法律……………………………………………………28
　　　1　障害者基本法／2　精神保健及び精神障害者福祉に関する法律（精神保健福祉法）／3　障害者の日常生活及び社会生活を総合的に支援するための法律（障害者総合支援法）／4　介護保険法／5　地域保健法／6　母子保健法／7　民生委員法

第4章　社会福祉の行政組織……………………………………………31
　第1節　国の行政組織……………………………………………………31
　　　1　厚生労働省／2　審議会
　第2節　地方の行政組織…………………………………………………33
　　　1　地方公共団体／2　福祉事務所／3　児童相談所／4　身体障害者更生相談所／5　知的障害者更生相談所／6　婦人相談所
　第3節　行政組織の関連施設・機関……………………………………38
　　　1　国立施設／2　独立行政法人国立重度知的障害者総合施設のぞみの園／3　独立行政法人福祉医療機構

第5章　社会福祉の民間活動……………………………………………41
　第1節　社会福祉の民間活動とは………………………………………41
　　　1　民間による社会活動のはじまり／2　社会福祉の民間活動
　第2節　社会福祉の民間活動の内容……………………………………42
　　　1　民生委員・児童委員／2　社会福祉協議会／3　共同募金運動／4　NPO法人／5　ボランティア団体
　第3節　社会福祉の民間活動の課題……………………………………47

第6章　社会福祉従事者 49
第1節　社会福祉従事者の現状と資格制度 49
1　社会福祉従事者の現状／2　社会福祉従事者の資格
第2節　社会福祉従事者の専門性と倫理 52
1　社会福祉従事者の専門性／2　社会福祉従事者の倫理
第3節　保健・医療関係分野の専門職との連携 55

第7章　社会福祉における相談援助 59
第1節　相談援助の意義と原則 59
1　相談援助の意義／2　相談援助の原則
第2節　相談援助の方法と技術 62
1　相談援助技術のバリエーション／2　地域を基盤とした包括的かつ総合的な相談援助の視点

第8章　社会福祉における利用者の保護にかかわる仕組み 67
第1節　情報提供と第三者評価 67
1　情報提供／2　第三者評価
第2節　利用者の権利擁護と苦情解決 71
1　利用者の権利擁護／2　苦情解決

第9章　児童家庭福祉 75
第1節　児童家庭福祉とは 75
第2節　児童家庭福祉の制度 76
1　児童福祉法／2　児童扶養手当法／3　特別児童扶養手当法等の支給に関する法律／4　母子及び父子並びに寡婦福祉法／5　母子保健法／6　児童手当法／7　児童買春，児童ポルノに係る行為等の処罰及び児童の保護等に関する法律／8　児童虐待の防止等に関する法律／9　子ども・子育て支援法

第3節　児童家庭福祉の課題 …………………………………………………… 81

第10章　高齢者保健福祉 ……………………………………………………… 85
　第1節　高齢者保健福祉とは …………………………………………………… 85
　第2節　高齢者保健福祉の制度 ………………………………………………… 86
　　　1　高齢者保健福祉制度・施策の体系／2　介護保険制度／3　地域支援事業／4　その他の制度
　第3節　高齢者保健福祉の課題 ………………………………………………… 94

第11章　障がい者福祉 …………………………………………………………… 95
　第1節　障がい者福祉とは ……………………………………………………… 95
　　　1　「障がい」の考え方／2　障がい者福祉の基本理念
　第2節　障がい者福祉の制度 …………………………………………………… 97
　　　1　近年の障がい者福祉施策の流れ／2　障がい者福祉の法律と定義／3　障がい者福祉の実施機関／4　障害者福祉サービスの実際
　第3節　障がい者福祉の課題 ………………………………………………… 102
　　　1　「障害者総合支援法」の課題／2　障がい者福祉の取り組むべき課題

第12章　生活保護 ……………………………………………………………… 105
　第1節　生活保護とは ………………………………………………………… 105
　第2節　生活保護の制度 ……………………………………………………… 105
　　　1　生活保護の原理と原則／2　生活保護（扶助）の種類／3　生活保護基準／4　申請から給付まで／5　生活保護施設
　第3節　生活保護の課題 ……………………………………………………… 111
　　　1　捕捉率の現状／2　自立支援プログラム／3　補足性の原理

第13章　地域福祉 ……………………………………………………… 113
第1節　地域福祉とは …………………………………………………… 113
1　地域福祉の基本的捉え方／2　「地域福祉」の定義
第2節　地域福祉の制度 ………………………………………………… 115
1　地域福祉計画／2　社会福祉協議会／3　民生委員・児童委員／4　保護司／5　ボランティア活動／6　NPO活動
第3節　地域福祉の課題 ………………………………………………… 120

第14章　保健医療福祉 …………………………………………………… 123
第1節　保健医療福祉とは ……………………………………………… 123
第2節　保健医療福祉の制度 …………………………………………… 124
1　社会保障制度の定義／2　社会保障制度の体系
第3節　保健医療福祉の課題 …………………………………………… 131

第15章　看護と社会福祉 ………………………………………………… 135
第1節　看護と社会福祉の共通性と相違性 …………………………… 135
第2節　看護職と福祉職の連携 ………………………………………… 136
第3節　介護実践領域における看護職と福祉職の連携 ……………… 137
1　施設入居者の連携事例／2　在宅療養者の連携事例／3　包括的な連携体制について

事項索引　　141
人名索引　　147
執筆者一覧

第 1 章　生活と社会福祉

第 1 節　現代の生活と社会福祉

1　私たちの暮らしを考える

　社会福祉は人権の観点から，とりわけ生存権の保障を深めることが重要である．ところで，生存権の内実である私たちの生活（暮らし）そのものは，いったいどういう状況にあるのだろうか．

　歴史のなかで私たちの生活は変わってくる．特に，わが国は先の大戦の敗戦後，生存することが精一杯で経済的に貧しかった時代から大きく様変わりした．今や，敗戦から立ち上がり，先進国の仲間入りを果たした豊かな国として世界的にも注目されている．しかし，すべての国民が十分に豊かになっているかというと，あらゆる視点から検討をすることが必要ではないだろうか．また，物質的には豊かでも生活に対する不安を訴える人は多く，文化的成熟については十分とはいえない．特に多くの人々にとって老後の生活に対する不安は深刻なものである．

　1960年以前と以後とでは，日本人の暮らしは大きく変化している．1960年以前の暮らしは農業などの家庭（家業）が中心であった．この時期は家族の規模が大きく，何かが起こると家族や親族が互いに助け合って対処するということが可能な時期であった．加えて，農村や郡部で生活をする人が半数を超えており，近隣関係も，現在より緊密であった．

　しかし，1960年代以降に経済が急速に成長（いわゆる高度経済成長時代）すると農業を中心とした家業による生活者ではなく，賃金労働者が急速に増

えていった．賃金労働者の賃金は，子どもの数が多くても一定の水準以上には上がらない．したがって賃金にみあう養育費や教育費を考えると，親は子どもを産みたくても産むことができず，結果として子どもの数が減り，一人暮らしの独身者が増えてきた．

　また，賃金労働者の多くは職を求めて移動するため，親世代と同居をしない核家族化が進行した．それによって高齢者世帯および高齢者の一人暮らしが増えてくる．世帯数は増え，逆に家族の人数は減っていったのである．そして，若い人は職場を求めて都市へと就労し，今やいわゆる都市生活者が8割以上という時代になった．

　1970年代は，高度経済成長により暮らしが豊かになり，生活環境が改善されるとともに，高齢化が進行した．

　わが国が高齢化社会に入ったのは1970年からである．しかもそのスピードは他国に例を見ない速さであった．同時に，1972年の国際女性年以降，女性が働くことは当然であるという思潮が徐々に確立していった．また，1985年の男女雇用機会均等法成立以降，女性の就業率が上がっていくと，介護や保育の問題を家族のみでは支えられなくなる．すなわち，家族と同居していても，夫や息子はもちろん，妻や娘など同居の女性も働きに出ることから，介護や保育は社会化することが当然とされるようになっていった．

2　少子高齢社会の到来

　わが国では，社会的介護の伸展が順調に進まず，保育に対する社会的な対応も遅れていた．そのため，子どもを産まない家族や産みたくても産めない家族が増え，いわゆる「少子化」が急速に進んだ．

　一方，高齢化はさらに進展し，高齢社会に入ると家族介護の限界を原因とするさまざまな問題が生じてきた．特に高齢社会で注視すべきことは，高齢者の介護をしている家族介護者の半数は60歳以上という現実である．つまり，家族も高齢者であるということである．このような状況下では，家族が疲れ果てて共倒れになり，介護高齢者の高い自殺率，あるいは介護疲れのた

めの高齢者虐待や介護を原因とする殺人の発生という事態が繰り広げられてきた．現在，介護保険制度が施行されているが，私たちは，より良く生き抜くための工夫を行わなければならない．日々の福祉実践のなかから，私たちは少子高齢社会における新しい福祉のあり方を生み出していく時期におかれている．そのことをどのように考えて行くべきなのか，次に，社会福祉の概念の捉え方について述べることにする．

第 2 節　社会福祉と社会保障

1　社会福祉の概念の捉え方

　そもそも，社会福祉とは何だろう．私たちの暮らしに対して「日本国憲法」では第 25 条において次のように述べている．
　「第 25 条　すべて国民は，健康で文化的な最低限度の生活を営む権利を有する．
　②　国は，すべての生活部面において，社会福祉，社会保障及び公衆衛生の向上及び増進に努めなければならない．」
　「日本国憲法」施行後の 1950（昭和 25）年，社会保障制度審議会が提出した「社会保障制度に関する勧告」において，社会福祉とは次のように述べられている．
　「社会福祉とは，国家扶助の適用をうけている者，身体障害者，児童，その他援護育成を要する者が自立してその能力を発揮できるよう，必要な生活指導，更生補導，その他の援護育成を行うこと．」
　この時代，社会福祉と社会福祉事業は同じであるという捉え方が定着していた．1951（昭和 26）年に制定された「社会福祉事業法」では第 3 条において「社会福祉事業は，援護，育成又は更生の措置を要する者に対し，その独立心をそこなうことなく，正常な社会人として生活することができるように援助することを趣旨として経営しなければならない」と述べていた．そして，

この法案の立案者である木村忠二郎は，社会福祉事業という用語について，次のような解説を試みている．

「この言葉はまだ熟したものとは思わないけれども，消極的な貧困の状態におちいったものを保護するにとどまらず，貧困の状態におちいることを防止することから，さらにすすんでは消極的な福祉の増進までをその目的にふくませたいという意気ごみをあらわしたものとして，これをもちいようという傾向がある．もともと，社会事業という言葉は，かかる理想をもっていたものであるけれども，その積極性をとくに強調する意図をもって，社会福祉事業という言葉が採用されているのである．」[1]

こうした考え方をもとに，社会福祉は図1-1のように社会保障制度のなかに位置づけられている．

また，厚生行政における社会福祉と社会福祉事業の関係は，次のように説かれ，わが国では通説となった．

「社会福祉の目的は，社会の全ての人々の基本的要求（食欲，渇き，呼吸の要求，睡眠と休息の要求，排泄の要求，苦痛回避の要求，性欲，妊娠と出産後の母性的行動への要求などの生理的要求と，人の上に立ちたい，力を得たいという力への要求，協調協同への要求，未妊娠の女性の母性的要求，父性愛，子の親に対する愛，所有欲等の社会的要求）が満たされない為に生じる不健全な社会的兆候（低い生活水準，高度の離婚率，私生子，不就労，青少年犯罪，多数の失業者，不適当な住宅条件など）を治療ないし予防することにあり，社会福祉事業は，その目的を達成するために教育，産業，労働政策などのような一般的社会制度の欠陥または間隙を補完するサービスを与える事業であるというのが世界における通説のようであるが，本書に説く範囲は憲法第25条にいうところの社会福祉，社会保障，公衆衛生にかんするもの…とは必ずしも一致しない」．[2]

なお，社会保障と社会福祉の関係は国によって異なっている．例えば，社会福祉概念を最も広義に用いるスウェーデンでは，社会福祉という用語は直接的所得配分である賃金を除いた，住宅・余暇など生活に直接かかわる施策

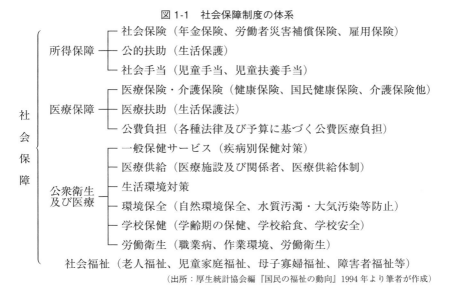

図 1-1　社会保障制度の体系

（出所：厚生統計協会編『国民の福祉の動向』1994 年より筆者が作成）

全般であり，その中に社会保障（すなわち所得保障）を位置づけており，アメリカでも，わが国より広義に使われている．代表的な定義としては，次のようなものがある．

「社会福祉とは個人および家族が満足な生活水準と健康状態に到達するように援助するために工夫された社会的サービスと社会制度の体系である」．[3]

社会福祉の理念は，わが国でも国民の要求に基づき拡大している．その典型として理念法ではあるが「障害者基本法」があり，その第 1 条は次のように述べられている．

「第 1 条　この法律は，全ての国民が，障害の有無にかかわらず，等しく基本的人権を享有するかけがえのない個人として尊重されるものであるとの理念にのつとり，全ての国民が，障害の有無によつて分け隔てられることなく，相互に人格と個性を尊重し合いながら共生する社会を実現するため，障害者の自立及び社会参加の支援等のための施策に関し，基本原則を定め，及び国，地方公共団体等の責務を明らかにするとともに，障害者の自立及び社

会参加の支援等のための施策の基本となる事項を定めること等により，障害者の自立及び社会参加の支援等のための施策を総合的かつ計画的に推進することを目的とする.」

「障害者基本法」では，障害者の医療，訓練，保護，雇用の促進，年金の支給，障害発生の予防など福祉に関する施策を「社会福祉」として捉えている．それは国民生活の変容から生じるニーズの拡大・多様化に基づき，社会福祉の概念が狭義から広義に移り変わったことの反映である．社会福祉法では，社会福祉の推進の基盤を「地域福祉の推進」におき，法第4条においては福祉サービスを必要とする地域住民が地域社会を構成する一員として日常生活を営み，社会，経済，文化その他あらゆる分野へ参加する機会が与えられるよう推進することが強調されている．

2　社会福祉の概念から社会福祉の実践へ

「社会福祉」という用語は，アングロサクソン系の国々で広く用いられ，それがスカンジナビア・デモクラシーに裏付けられた北欧諸国の施策にも移入され，国際的広がりをもったものである．わが国では，戦後の民主主義が確立される時代の中で，「日本国憲法」第25条において定着したのである．

前述の通り，わが国の社会福祉の概念は狭義であったが，それが基本的人権の一環として憲法第25条に位置づけられていることは意義深い．特に，社会福祉の対象が普遍化され拡大された今日，国民のすべての生活部面にかかわる福祉の専門職である社会福祉士・介護福祉士・精神保健福祉士という国家資格者を生み出したことは大きい.

「社会福祉」という概念が人権保障の一環であるということは，一人ひとりと直接的にかかわり，その人の人権を内実化することである．このことを，戦後の福祉思想と実践に大きな影響を与えた糸賀一雄は，次のように表現している．

「社会福祉ということばは，あくまでも『社会』という集団のなかにおける一人ひとりの『幸福な人生』（福祉）を指すものである．社会福祉といっ

ても，社会という集団が全体として『福祉的』でありさえすればよいというのではない．つまり，社会が豊かであり，富んでいさえすれば，そのなかに生きている個人のひとりひとりは貧しくて苦しんでいるものがいてもかまわないというものではない．社会福祉というのは，社会の福祉の単なる総量をいうのではなくて，そのなかでの個人の福祉が保障される姿をさすのである」．[4)]

つまり，社会福祉とは一人ひとりの人間の実在にかかわり，その生活をトータルに捉え，援助をするところに他の制度との違いがある．そのため，その方法が必然的に異なる．例えば，狭義の社会保障である所得保障は，経済的な困窮状況のみを対象とするのに対し，社会福祉は，社会的不適応現象も含めて，経済的困窮より生じる社会生活の困難，つまり生活全般の問題が対象となる．また，社会保障は直接的な所得の分配による貨幣の分配政策として制度化されているのに対し，社会福祉は社会関係に基づく人間関係を含め，個別的・対面的に援助していく過程を基軸として捉えており，その焦点はフィールドワークにおいてなされる．その担い手は，社会保障の場合は通常の行政官であるのに対して，社会福祉の場合はソーシャルワーカーといった人間関係の配慮に基づく対面集団における働き手が必要となる．

第3節　保健・福祉・医療の連携

1　連携の現状

保健と医療について，その連携の必要性は1970年代からの包括保健医療体制を巡る議論やWHO（世界保健機構）の動向などから関係者の常識として浸透し，定着していた．しかし，わが国の福祉は戦前からの救貧対策を基本とした福祉が引き継がれ，戦後の新たな考え方のもとで発展したもので，その考え方，人材の育成，実施方法などすべての面にわたって保健および医療とは異なっていた．そのため，福祉との連携の必要性に関する議論は古く

から行われていたが，進展はみられなかった．

　少子高齢化が急速に進行する中で，①女性の社会進出に伴い安心して子どもを産み育てられる環境を整備すること，②今後とも増加が予想される寝たきりや認知症などの要介護高齢者対策を充実すること，③障がいのある人もない人と同様に社会参加と自立ができる社会環境づくりを進めることなどが重要となり，これらの諸課題に対応するため，保健・医療・福祉の垣根を超えて総合的，一体的にサービス提供を図る必要がある．このため，医療機関や介護保険事業者，障害福祉サービス事業者は連携して住民のニーズに見合う保健・医療・福祉サービスを適切に提供することが求められている．特に，住民の日常の健康管理や医療等を担うかかりつけ医や，患者や家族の抱える経済的・心理的・社会的問題の解決，調整を援助する医療ソーシャルワーカー，要介護高齢者からの相談に応じ，適切な介護サービス計画の作成を行う介護支援専門員（いわゆるケアマネジャー）などの専門職者が重要な役割を担ってきた．また，高齢者医療においては，保健・医療・福祉の連携により，入院治療の必要がなくなった患者が，自宅で安心して療養できるようにするため，患者やその家族に対して在宅医療や在宅介護などの利用の啓発や訪問指導などの保健サービスの普及を図ること，あるいは，医療機関から社会福祉施設へ円滑に入所できるようにするため，特別養護老人ホームや介護老人保健施設を計画的に整備してきた．

　一方，母子保健福祉事業，「介護保険法」，「障害者総合支援法」の運営を担う市町村については，住民に身近なサービス提供主体として役割が大きくなっており，医療機関や介護保険事業者，障害福祉サービス事業者などとの調整や連携を図ることが求められた．

　また，市町村は住民に対して障がい者や要介護者などに対する理解を深め，共に生きる心を持って接するよう，一層の啓発・広報に努めることも必要である．

2　連携の課題

　市町村は，保健・医療・福祉の連携を視野に入れて市町村地域福祉計画を策定することが求められているが，その課題をあげると次のようになる．

　（1）　ヒューマンケアサービスを提供する際に，医療における診断，個人および集団として地域住民の健康管理・増進を行う地域保健のアプローチの視点と方法，自立生活上の生活課題を抱えた個人および家族に対して，その人々への直接的働きかけと，個人と社会環境を調整し自立生活支援を展開する社会福祉援助技術（ソーシャルワーク）の視点および方法における同質性と異質性を考えなければならないし，また，その同質性と異質性を踏まえた専門他職種のチームアプローチとして保健・医療・福祉が連携していくという課題がある．

　（2）　ヒューマンケアサービスに関して各々のアプローチの違いを認めつつ，地域におけるトータルなケアとしてどのようなケアプランがQOL（生活の質）の保障のうえからも効率的なのか，サービスの質を確保しながら地域におけるヒューマンケアサービスとしての社会的コストは有効に使われるのか，ということを総合的に考えるサービス提供システムと連携していく課題がある．

　（3）　医療・年金・介護保険，社会福祉，地域福祉の財源をどう調達し，その制度間の整合性をどうもたせるのかという課題，社会保険原理を強く出すのか，一般財源で賄うのかなどの課題がある．しかも，各々の利用者の自己負担の割合を年金の支給水準ともかかわらせてどう設定するのかという課題とも連動している．

　（4）　保健・医療・福祉のサービス利用における利用要件の違い，利用圏域の違いを調整する課題があげられる．医療保険のサービス利用は広域であるが，介護保険制度の地域密着型サービスは市町村単位であり，利用権の設定と相互乗り入れは地域福祉計画におけるサービス整備量を決める際に大きな課題となる．

（5） 医療機能の構造化と地域化を前提として，医療機関，地域保健組織，地域福祉のサービス供給組織レベルの連携を図るシステムの課題がある．
（6） 地域保健における予防および健康増進と医療分野における治療および退院計画，そして受け皿としての在宅福祉サービスを軸にした地域福祉の推進を行うことを個人レベルでのサービスプログラムとして地域で展開できるシステム化とその運営管理に関する課題がある．

さらに，保健・医療・福祉関係者の情報の一元化と共通言語を用いての連携の課題や，医療法に基づく医療保健計画，介護保険法に基づく介護保険事業支援計画と介護保険事業計画，社会福祉法に基づく市町村地域福祉計画などとの法制度上異なる計画相互の整合性に関する課題もある．

新しい枠組みのもとで保健・医療・福祉の各サービスが緊密な連携の下に効率的に提供されるよう，保健・医療・福祉の改革が進む中で過去にとらわれない各関係者の適切な対応が求められている．

注）
1） 木村忠二郎『社会福祉事業法の解説』時事通信社，1951 年，p.17.
2） 黒木利克『社会福祉の指導と実務（改訂版）』時事通信社，1956 年，p.70.
3） Walter A. Friedländer "Introduction to Social Welfare", 1955 年, p.4.
4） 糸賀一雄『福祉の思想』日本放送協会出版，1980 年，p.67.

参考文献
芝田英昭編著『社会保障の基本原理と将来像』法律文化社，2004 年．
田多英範『日本社会保障制度成立史論』光生館，2009 年．
加茂直樹『現代日本の家族と社会保障』世界思想社，2010 年．
里見賢治『現代社会保障論』高菅出版，2010 年．

第 2 章　社会福祉の歴史

第 1 節　欧米の社会福祉の歴史

1　イギリス近世の救貧から新救貧法へ

　イギリス中世における封建制度のもとで，貧困や疾病等の生活問題に対応していたのは，農村部における相互扶助や都市部の職人ギルド[1]，そしてキリスト教による慈善活動であった．16世紀，封建国家から近代的産業，近代市民社会への過渡期となる絶対王政期に入ると，「囲い込み運動」などにより，浮浪貧民はそれまでの中世的救済では対応できない膨大な数に及ぶようになった．新たに出現した労働能力のある浮浪貧民の増加は，都市部を中心として多くの問題を引き起こし，16世紀末になると水害や凶作による経済不況も加わり，浮浪貧民の問題がより深刻化した結果，1601年いわゆる「エリザベス救貧法」が救貧法の集大成として成立した．労働能力のある浮浪者への就労強制と，「ワークハウス」に収容する浮浪者を選別する「ワークハウス・テスト」を特徴とする「エリザベス救貧法」によって，イギリスの収容救護第一主義は，さらに強化されることになった．
　18世紀になると，イギリスは世界に先駆けて産業革命を成功させ資本主義体制を確立した．機械化は賃金の引き下げと長時間労働を引き起こすことになり，環境問題，労働問題，都市部への人口流入による治安の悪化等も表面化するなど，当時のイギリスは現代の社会福祉と共通する課題に直面することになった．その中で，1782年に制定された「ギルバート法」は，人道主義的立場から救貧法の厳罰性を修正し，院外救済の範囲拡大を目指すなど，

画期的な内容を持つものであった．しかし，1834年に制定された「新救貧法」は，公的救済を受けている者の生活は，自活している最下層の労働者の生活を上回ってはならないとする「劣等処遇の原則」や，院内救済を原則とする「ワークハウス・システム」，救済基準を全国統一する「全国統一の原則」を特徴とした．この背景には，スミス（Smith, A.）の『国富論』やマルサス（Malthus, T. R.）の『人口論』など，国家が貧民救済に関与することに疑問を投げかける思想の影響があった．

2　民間慈善事業と貧困の科学的解明

19世紀，国家による救済抑圧政策が実施されるなかで，増加する貧民に対し「新救貧法」を上回る規模で救済を実施していたのが，新興中産階級による民間慈善事業であった．1869年にロンドンで設立された「COS（慈善組織協会）」は，濫救や漏救を防ぐため慈善団体間の連絡，調整を行い，スラムの貧民を訪ねて個別のニーズを聞き取る友愛訪問を実施した．

セツルメント運動は，知識人がスラムに貧民とともに暮らすことで，住環境の改善，貧困の調査，教育の提供などを通して住民意識の改革を目指す活動である．1884年にバーネット（Barnett, S.）によってロンドンに建設された「トインビー・ホール」や，1889年にアメリカ，シカゴでアダムス（Addams, J.）によって建設された「ハル・ハウス」が代表的である．その活動は今日のグループワーク，コミュニティワークの先駆となった．

19世紀末になると，貧困に対して科学的な調査が実施される．「ロンドン調査」と「ヨーク調査」である．ブース（Booth, C.）は1886年から1902年にわたりロンドン市において調査を行い，その結果，ロンドン市民の約30％が貧困状態にあることを明らかにした．また，ラウントリー（Rowntree, B. S.）は1899年に「ヨーク調査」を地方都市ヨーク市で行い，第一次貧困，第二次貧困およびライフサイクルの概念を提唱した．ラウントリーの概念で画期的だったのは，栄養基準を用いた「貧困線」である．貧困線より下の貧困状態を食べていけない状態の貧困である「第一次貧困」とし，その上の貧

困状態を，何か起こると「第一次貧困」に転落する「第二次貧困」とした．これらの調査において重要なのは，貧困は個人の問題であり，怠惰や宗教心の不足などとされていた貧困原因が，主に低賃金や不安定就労によるものであることを明らかにしたことである．その後，ブースの調査は1908年の無拠出老齢年金制度の創設に影響をおよぼし，社会保障への架け橋となった．

3　社会改良と救貧法廃止の動き

　近代的な社会保障制度を世界で初めて創設したのは，ドイツのビスマルク（Bismarck, O. V.）であり，1880年代に「疾病保険法」，「災害保険法」，「老齢疾病保険法」を制定した．

　イギリスでは，保守党と自由党の二大政党による政治が行われ，1867年と1884年の選挙法改正で選挙権を得た労働者が政界進出を果たした．また，マルクス（Marx, K.）らによる社会主義思想の発展が，救貧法の見直しを後押しし，こうした背景のもと「救貧法および貧困救済に関する王立委員会」（以降「委員会」）が設置された．委員会では，COSの影響を強く受けた「多数派」が救貧法の継続を強く主張し，救貧法の解体とナショナル・ミニマムを訴えるウエッブ（Webb, B.）らによる「少数派」と激しく対立した．

　「少数派」の意見は，公的扶助の理念となる国民の最低限度の生活保障を意味するナショナル・ミニマムの概念を初めて提唱する画期的な内容であった．

　1906年の総選挙で労働者階級の議員を多く選出した自由党は，勢力の増大を背景に労働者保護や児童保護を目的とする一連の社会立法を制定する．代表的なものに，「最低賃金法」や「学校教育法」などがあり，1911年には健康保険と世界初の失業保険の機能を併せ持つ「国民保険法」が制定された．しかし，この法律では第一次世界大戦後の増加する失業者や，世界恐慌に対応することができず，1920年の「失業保険法」や，1934年の「失業法」へと拡充を続けた．こうしてイギリスにおける失業問題の深刻化は，結果として社会保険制度をより促進させることになったのである．

4　アメリカの社会福祉の展開

　アメリカは，20世紀に入るまで貧困問題や障がい者への対応を，開国以来の開拓者精神にもとづく自助と民間の慈善事業にゆだねてきた．政府による公的制度の介入が少なかった分，慈善事業はケースワークやコミュニティワークなどのソーシャルワークの理論と実践を生み出し，専門分化した専門職組織の発展をみた．

　しかし，1929年の世界恐慌は膨大な数の失業者を生み出し，その対策としてルーズベルト（Roosevelt, F. D.）大統領は「ニューディール政策」を打ち出した．これは，連邦政府が初めて救貧事業に乗り出したことを意味する．失業者への救済と復興のため，1933年に「連邦緊急救済法」が制定，1935年に「社会保障法」が制定された．この法律は，連邦が国家規模で実施する老齢年金制度と，連邦と州が実施する失業保険制度に加え，州が運営する公的扶助と社会福祉事業に対する連邦補助金制度からなっている．また，この法律の施行によって，公立機関や施設へのソーシャルワーカーの雇用が促進されることになった．「社会保障法」は，健康保険や労災保険が含まれない不完全なものであったが，社会保障という名称を初めて用いた法律として，またアメリカの社会福祉に変革をもたらした法律として大きな意味をもっている．

　1960年代に入ると，ベトナム戦争，ケネディ（Kennedy, J. F.）大統領暗殺によって社会不安が広がった．また，経済的な発展の陰に多くの貧困者が存在することが明らかにされたことで，それまでの公的扶助引き締め策の見直しが迫られた．1964年，ジョンソン（Johnson, L. B.）大統領は福祉政策の充実を唱え「貧困戦争」を宣言し，教育事業，職業訓練等の貧困対策を実施した．1975年には，所得保障とソーシャルサービスを分離した「社会保障法第20章（タイトルXX）」が制定されたが，1973年の石油危機を境として低経済成長期に移行するに伴い，1980年代にはレーガン（Reagan, R. W.）大統領によって「福祉の見直し」が進められた．

5　福祉国家の成立とその後の福祉改革

　イギリスにおいて，第二次世界大戦中の1942年に戦後の混乱を見据えて発表されたのが，ベヴァリッジ（Beveridge, W. H.）による「社会保険および関連サービス」（通称「ベヴァリッジ報告」以降「報告」）である．報告は「ゆりかごから墓場まで」の福祉国家の道筋を指し示し，戦後の発展を阻む5つの巨人（窮乏・疾病・無知・不潔・怠惰）を根絶するための総合的な社会保障制度を提唱した．政策は①児童手当の創設，②包括的な保健及びリハビリテーション・サービスの提供，③完全雇用の維持の3つを前提条件とし，国民の最低限度の生活を国家が保障するナショナル・ミニマムを実現しようとする内容であった．

　報告をふまえて，1945年に「家族手当法」，1946年には「国民保険法」，「国民保健サービス法」，1948年には「国民扶助法」と「児童法」が制定され，イギリスの社会保障制度の基本が整えられた．「国民保健サービス法」（通称「NHS」）は，財源を国税とし包括的な医療保健のサービスを国の責任で保障しようとした制度である．また「国民扶助法」は，公的扶助に関する法律であり，これにより救貧法が完全に廃止されることになった．

　「ベヴァリッジ報告」により福祉国家としての歩みをはじめたイギリスだが，1960年代「貧困の再発見」という新たな課題が出現した．貧困層の多くを占める高齢者において国民扶助という名称への抵抗感が強かったことから，1966年社会保障省は国民扶助を補足給付制度に改めた．一方，1968年に「地方自治体と関連するパーソナル・ソーシャル・サービスに関する委員会」（通称「シーボーム委員会」）によって提出された「シーボーム報告」は，コミュニティにおけるサービスの重要性を提起し，コミュニティ・ケアは施策の柱となっていく．

　イギリスでは，その後もインフレや石油危機による経済危機が改善されず，財政赤字の増大を引き起こした．1979年の総選挙で勝利した保守党のサッチャー（Thatcher, M.）首相は，「小さな政府」をスローガンに，福祉国家

の見直しをはかり「福祉多元国家」への転換がなされた．公費節減と民間活力の活用を柱に，公共サービスへの民間企業の導入が進められ，結果として財政再建はなされたものの経済格差の出現とサービスの平等が損なわれることになった．

また，「グリフィス報告」をもとに1990年には「国民保健サービス及びコミュニティケア法」が成立し，地方自治体に権限と財源を与えることで，在宅支援サービスの充実が図られるなど，コミュニティ・ケア改革が進められた．

1997年，政権を獲得した労働党のブレア（Blair, T.）首相は，保守党が掲げる市場にすべてを委ねることで公平さが約束され，介入は幸福を損ねるとする市場原理主義に対抗し，市場経済と政府の介入を併せ持つ「第三の道」を目指して改革を実施した．改革は福祉と経済の統合，権利と責任の強調，コミュニティの重視を掲げて行われた．社会的企業の促進や，若年失業者の就労を目指したニューディール・プログラムなどに加え，医師不足や，診療までの長い待ち時間等の問題を抱えた「NHS」の改革や，年金生活者の貧困問題にも着手した．

また，1997年に作られたソーシャルエクスクルージョン課（社会的排除課）が，社会的に排除されている人々を，社会の中に包み込み問題解決を図るという積極的理念のもとに，失業者・ホームレス・障がい者・低所得者・貧困児童などに対し取り組みを続けている．

2007年に労働党のブラウン（Brown, J. G.）首相に交代した後も，「ソーシャルインクルージョン（社会的包含）」という概念を政策テーマとして掲げ，社会全体の連帯を維持していこうとしている．

第 2 節　日本の社会福祉の歴史

1　近代社会における救済事業

　1868年の明治維新後，政府は政治や経済を再編成し，富国強兵，殖産興業の名のもと近代化を進めた．しかしわが国の産業革命においても富める者が出現する一方，貧しさから抜け出せない人びとによる下層社会が形成されることにもなった．横山源之助は1899（明治32）年に『日本の下層社会』を著し，貧困層の厳しい生活実態を明らかにしている．

　1874（明治7）年，公的救済制度として「恤救規則」が制定されている．近代社会成立とともに制定されたこの救貧立法は「人民相互の情誼」を条件とし，対象者を誰も頼る者がいない「無告の窮民」に制限するものであった．また社会防衛的側面があったとはいえ国民の安全や健康を守るための立法として1897（明治30）年，伝染病の予防及び伝染病患者に対する適切な医療に関する「伝染病予防法」，1899（明治32）年に災害時の救助に関する「罹災救助基金法」，また，翌年に精神病者の監護義務に関する「精神病者監護法」，非行少年に対する感化教育に関する「感化法」が制定されている．

　一方，篤志家たちによって民間慈善事業活動が始められた．1887（明治20）年，石井十次の岡山孤児院，1892（明治25）年，石井亮一の滝乃川学園，1895（明治28）年，山室軍平の日本救世軍，1897（明治30）年，片山潜のキングスレー館，1899（明治32）年，留岡幸助の家庭学校などがある．

　日露戦争後，貧困問題はさらに深刻化し，国家的救済制度の必要性が求められるようになった．しかし，財政難である政府は，貧困や失業などを社会の問題として捉えるのではなく個人の問題として捉え，感化救済事業を進めた．感化救済事業は伝統的な地域の共同体を活用し，国家の良民を育成するというものであった．1908（明治41）年には「感化法」が改正され，犯罪少年などの処遇機関として感化院が設置されている．

この時代の救済事業の特色は，急速な近代化によって生じた国民の困窮に対して公的救済制度がつくられ，それを補う民間慈善活動により成り立っていたといえる．

2　社会事業と厚生事業

河上肇は1916（大正5）年に『貧乏物語』を著し，そのなかで，貧困の実態を訴えている．1918（大正7）年には米価の上昇に端を発し，全国的に米騒動が起こり，生活困窮者の増加をもたらした．こうした状況において，政府は1917（大正6）年傷病兵及び戦死者の遺族を対象とした「軍事救護法」を制定し，また，同年，救済行政を担当する内務省救護課を設置し，1920（大正9）年には社会局としている．このように貧困問題を国家的課題として位置づける動きが見られ始めたとともに，地方行政においても1917（大正6）年に岡山県知事笠井信一による貧困者相談を行う済世顧問制度，1918（大正7）年に大阪府知事林市蔵と小河滋次郎による生活状況の調査と救済，その担い手となる大阪府方面委員制度が創設された．後にそれらの組織が全国に普及しはじめるなど，生活困窮者の救済を目的とした多様な社会事業が広がりをみせた．方面委員制度は現在の民生委員制度の前身とされる．

1923（大正12）年の関東大震災，1927（昭和2）年の金融恐慌，1929（昭和4）年の世界恐慌などにより，日本経済は混乱し生活困窮者が急増した．このような状況において，1929（昭和4）年に「救護法」が制定，3年後の1932（昭和7）年に施行されている．同法は，公的扶助義務を基本とし，救済対象者は貧困のために生活することができない「65歳以上の老衰者，13歳以下の幼者，妊産婦，不具廃疾者等」とした．救護機関は市町村に置き，方面委員が補助することを規定し，救護の種類は生活・医療・助産・生業扶助とした．

また，当時，喫緊の課題とされたものとして，親子心中，児童虐待，欠食児童などがあった．そのため1933（昭和8）年には「感化法」に代わる非行児童の保護に関する「少年教護法」，虐待や遺棄を防止するための「児童虐

待防止法」が制定され，児童保護を目的とする立法が相次いで成立した．

　1937（昭和12）年盧溝橋事件を発端に，日中関係が悪化し，軍事国家への道を歩み始めるなかで，健民健兵を目的とした厚生事業が進められた．1937（昭和12）年救護法における母子保護を補完する「母子保護法」，軍人の扶助に関する「軍事扶助法」が制定され，翌年には社会事業に関する「社会事業法」，医療保険に関する「国民健康保険法」，戦時下における資源を統制する「国家総動員法」が制定されている．さらに，1941（昭和16）年は救護法及び母子保護法の医療保護を充足する「医療保護法」，老齢や傷害などによる収入保障に関する「労働者年金保険法」が制定されている．

　戦前においては生活困窮者の救済を国家的課題として捉え，それを民間慈善事業が補いながら事業を展開していくが，戦時下においては戦争遂行を目的とする厚生事業へと変質していくことになった．

3　戦後の3法体制

　多くの尊い命が奪われた戦争によって，終戦後の国民の生活は困窮した．戦災孤児，傷痍軍人，失業者など救済を必要とする国民が急増し，戦後の復興期の福祉には児童や障害者，生活困窮者などを救済する制度が早急に求められていた．

　1946（昭和21）年，無差別平等，国家責任，公私分離，必要充足を原則とした社会救済に関する覚書としてGHQ（連合国総司令部）が「SCAPIN775」を示した．同年には救貧的内容ではあったが，旧「生活保護法」が制定されている．その後，1947（昭和22）年すべての児童を対象とする「児童福祉法」，1949（昭和24）年に傷痍軍人を含めた身体障害者の更生援護を目的とする「身体障害者福祉法」が制定された．また，「日本国憲法」が1947（昭和22）年に制定されたことに伴い，1950（昭和25）年に新「生活保護法」が制定され，福祉3法体制が確立した．同年，政府は社会保障の整備を目的とした社会保障制度に関する勧告（50年勧告）を定め，1951（昭和26）年，社会福祉事業の基本法ともいえる「社会福祉事業法」を制定した．

戦後の混乱期には，戦争により困窮した人びとを保護する施策を急務としながらも，わが国の福祉制度の枠組みが形成されつつあった．

4　高度経済成長期の6法体制

「もはや戦後ではない」と記された『経済白書』が出された1956（昭和31）年頃から，高度経済成長に入ったとされる．1960（昭和35）年には国民所得倍増計画が打ち出され，急速な経済成長は1973（昭和48）年まで続いた．一方，繁栄の陰で低所得者が増加し，1957（昭和32）年は生活保護法における保護基準をめぐる朝日訴訟が起きている．また，公害問題も深刻化し，1967（昭和42）年に「大気汚染防止法」，「騒音規制法」が制定された．

こうした状況のもと，政府は1958（昭和33）年に「国民健康保険法」，1959（昭和34）年に「国民年金法」を制定し，国民皆保険・皆年金体制が確立した．福祉施策としては1960（昭和35）年に「精神薄弱者福祉法」（1998年，知的障害者福祉法に改正），1963（昭和38）年に「老人福祉法」，1964（昭和39）年に「母子福祉法」（2014年，母子及び父子並びに寡婦福祉法に改正）が制定され，福祉6法体制が確立している．1970（昭和45）年には障害者福祉施策の基本法である「心身障害者対策基本法」（1993年，障害者基本法に改正）が制定され，福祉施策の制度化が徐々に進展していった．

この時代は高度経済成長により経済は飛躍的に発展したが，その一方で公害問題などのひずみも浮き彫りとなり，国民の所得格差も顕在化する中で，国民の生活保障を目的とした福祉施策が相次いで制定されている．

5　福祉見直し期から福祉改革の時代

1973（昭和48）年，政府は福祉元年と位置づけ，福祉施策の拡充を図ることを目指したが，同年10月のオイルショックにより税収が伸び悩むなか，福祉政策の見直しが求められた．さまざまな福祉予算が抑制されることになり，1982（昭和57）年には「老人保健制度」を制定し，1973年以降無料化されていた高齢者医療費を一部負担に変更した．

福祉見直し論が後退していくなかで，1989（平成元）年，合計特殊出生率が過去最低の1.57となり，政府には少子高齢化社会への対応が迫られるようになった．翌年6月，「老人福祉法等の一部を改正する法律」が制定され，これに伴い「福祉関係8法」（児童福祉法，身体障害者福祉法，知的障害者福祉法，老人福祉法，母子及び父子並びに寡婦福祉法，社会福祉事業法，老人保健法，社会福祉・医療事業団法）が改正された．これらの改正により高齢・障害・児童福祉に関する各種計画が求められ，1989（平成元）年に「高齢者保健福祉推進10か年戦略」（ゴールドプラン），1994（平成6）年に「新・高齢者保健福祉推進10か年戦略」（新ゴールドプラン）が策定された．同年，「今後の子育て支援のための施策の基本的方向について」（エンゼルプラン），1999（平成11）年に「重点的に推進すべき少子化対策の具体的実施計画について」（新エンゼルプラン）が策定され，1995（平成7）年には「ノーマライゼーション7か年戦略」（障害者プラン）が策定された．

低成長下の経済状況においては長らく福祉施策の停滞が続いていたが，景気回復後，税収増によって福祉予算の増額が可能になり，長期計画に基づいて福祉を整備する福祉へと転換した．この時期の政府には，福祉施策の見直しからやがて少子高齢化社会への対応が求められた．

6　2000年以降の権利保障

2000年を境にして，わが国の福祉は新たな段階に入った．2000（平成12）年，「社会福祉事業法」が「社会福祉法」に改正され，社会福祉の抜本的改正が行われた．同年，「地方分権一括法」，「介護保険制度」が施行された．「地方分権一括法」では機関委任事務が一部廃止され，地方は新たに法定受託事務及び自治事務を行うことが求められた．介護保険制度では介護サービスを措置から契約に転換し，地方自治体が保険者と位置づけられ，住民の介護ニーズの把握からサービス供給基盤の整備，保険料の決定や徴収，計画策定など幅広い責務を担うこととなった．

障害者福祉分野は2003（平成15）年に措置からの転換を行った「支援費

制度」，2004（平成16）年に発達障害を持つ者に対する支援を行う「発達障害者支援法」，2005（平成17）年に「支援費制度」を改正した「障害者自立支援法」，2012（平成24）年に「障害者自立支援法」を改正した「障害者の日常生活及び社会生活を総合的に支援するための法律」（障害者総合支援法）が制定された．児童福祉分野では2003（平成15）年に少子化への対応策として「少子化対策基本法」，「次世代育成支援対策推進法」が制定され，2012（平成24）年には乳幼児期の学校教育・保育，地域の子ども・子育て支援を総合的に推進することを目的とした「子ども・子育て関連3法」が制定された．生活保護制度関連では2002（平成14）年に「ホームレスの自立の支援等に関する特別措置法」，2013（平成25）年に「生活困窮者自立支援法」「子どもの貧困対策の推進に関する法律」（子どもの貧困対策法）が制定されるなど貧困対策の法律が相次いで制定された．

さらに，虐待など人権や権利を侵害することを防止するための制度が，2000年頃から相次いで制定され，1999（平成11）年「児童買春，児童ポルノに係る行為等の処罰及び児童の保護等に関する法律」（児童買春・児童ポルノ禁止法），2000（平成12）年に「児童虐待の防止等に関する法律」（児童虐待防止法），2001（平成13）年に「配偶者からの暴力の防止及び被害者の保護等に関する法律」（DV防止法）が制定された．2005（平成17）年に「高齢者虐待の防止，高齢者の養護者に対する支援等に関する法律」（高齢者虐待防止法），2011（平成23）年に「障害者虐待の防止，障害者の養護者に対する支援等に関する法律」（障害者虐待防止法）が制定されている．2013（平成25）年にはあらゆる障害者の尊厳と権利を保障する人権条約である「障害者の権利に関する条約」（障害者権利条約）が国連において批准され，同年，「障害を理由とする差別の解消の推進に関する法律」（障害者差別解消法）が制定されている．

この時期の特色は，地域福祉の推進，自立生活支援，措置から契約への転換，貧困対策，虐待防止など国民の生活の質の向上や権利擁護を目的としたものといえる．

注

1) ヨーロッパの諸都市において，中世から近世にかけて商工業者が結成した特権的同業者組合．都市の有力な商人による商人ギルドと，手工業者が職種別に結成した同職ギルドに大別される．

参考文献

伊藤善典『ブレア政権の医療福祉改革』ミネルヴァ書房，2006年．
今岡健一郎・星野貞一郎・吉永清『社会福祉発達史』ミネルヴァ書房，1973年．
右田紀久惠・高澤武司・古川孝順編『社会福祉の歴史（新版）』有斐閣，2001年．
金子光一『社会福祉のあゆみ』有斐閣，2005年．
高島進『社会福祉の歴史』ミネルヴァ書房，1995年．
一番ケ瀬康子・高島進編『講座社会福祉2　社会福祉の歴史』有斐閣，1981年．
吉田久一『吉田久一著作集1　日本社会福祉思想史』川島書店，1989年．
吉田久一『吉田久一著作集3　現代社会事業史研究』川島書店，1990年．
池田敬正『日本における社会福祉のあゆみ』法律文化社，1994年．

第3章　社会福祉の法律

第 1 節　社会福祉法

　「社会福祉を目的とする事業の全分野における共通的基本事項を定め，社会福祉を目的とする他の法律と相まって，福祉サービスの利用者の利益の保護及び地域における社会福祉の推進を図るとともに，社会福祉事業の公明かつ適正な実施の確保及び社会福祉を目的とする事業の健全な発達を図り，もって社会福祉の増進に資することを目的」としている（第1条）．

　地方社会福祉審議会，福祉事務所，社会福祉主事，指導監督及び訓練，社会福祉法人，社会福祉事業，福祉サービスの適切な利用，社会福祉事業に従事する者の確保の促進，地域福祉の推進などについて定められている．

　社会福祉事業は第1種と第2種に分けられる．第1種社会福祉事業は，入所施設利用者の人格に関わる影響が大きいなどの理由から，運営主体を国・地方公共団体などの行政と社会福祉法人を原則としている．第1種社会福祉事業を行うには，都道府県知事等への届出が必要である．例えば特別養護老人ホームの設置・運営が第1種社会福祉事業に該当する．第2種社会福祉事業は，在宅サービスや相談，物品の給付など第1種社会福祉事業に比べると利用者への影響が少ないため主体に制限はない．例えば母子・父子福祉センターがある．

第 2 節　福祉 6 法

1　児童福祉法

　第1条は「全て児童は，児童の権利に関する条約の精神にのっとり，適切に養育されること，その生活を保障されること，愛され，保護されること，その心身の健やかな成長及び発達並びにその自立が図られることその他の福祉を等しく保障される権利を有する」と定める．第2条第1項は「全て国民は，児童が良好な環境において生まれ，かつ，社会のあらゆる分野において，児童の年齢及び発達の程度に応じて，その意見が尊重され，その最善の利益が優先して考慮され，心身ともに健やかに育成されるよう努めなければならない」とする．児童の保護者や国及び地方公共団体の責任の規定もある．

2　身体障害者福祉法

　「『障害者の日常生活及び社会生活を総合的に支援するための法律』と相まって，身体障害者の自立と社会経済活動への参加を促進するため，身体障害者を援助し，及び必要に応じて保護し，もって身体障害者の福祉の増進を図ることを目的」としている（第1条）．更生援護，事業及び施設，費用などが定められている．

3　生活保護法

　「日本国憲法第25条に規定する理念に基き，国が生活に困窮するすべての国民に対し，その困窮の程度に応じ，必要な保護を行い，その最低限度の生活を保障するとともに，その自立を助長することを目的」としている（第1条）．保護の原則，保護の種類及び範囲，保護の機関及び実施，保護の方法，保護施設，医療機関，介護機関及び助産機関，就労自立給付金，被保護者就労支援事業，被保護者の権利及び義務，不服申立て，費用などの章から

なる．なお，生活保護には3つの原理（無差別平等，最低生活，保護の補足性）と4つの原則（申請保護，基準及び程度，必要即応，世帯単位）がある．

4 知的障害者福祉法

「『障害者の日常生活及び社会生活を総合的に支援するための法律』と相まって，知的障害者の自立と社会経済活動への参加を促進するため，知的障害者を援助するとともに必要な保護を行い，もって知的障害者の福祉を図ることを目的」としている（第1条）．実施機関及び更生援護（障害福祉サービスや障害者支援施設等への入所等の措置），費用などを定めている．障害福祉サービスの給付の規定は障害者総合支援法に移されている．

5 老人福祉法

「老人の福祉に関する原理を明らかにするとともに，老人に対し，その心身の健康の保持及び生活の安定のために必要な措置を講じ，もって老人の福祉を図ることを目的」としている（第1条）．福祉の措置，事業及び施設，老人福祉計画，費用，有料老人ホームなどについて規定している．

6 母子及び父子並びに寡婦福祉法

「母子家庭等及び寡婦の福祉に関する原理を明らかにするとともに，母子家庭等及び寡婦に対し，その生活の安定と向上のために必要な措置を講じ，母子家庭等及び寡婦の福祉を図ることを目的」としている（第1条）．基本方針，母子家庭に対する福祉の措置，父子家庭に対する福祉の措置，寡婦に対する福祉の措置，福祉資金貸付金に関する特別会計等，母子・父子福祉施設，費用などの定めがある．

2014（平成26）年4月の「次代の社会を担う子どもの健全な育成を図るための次世代育成支援対策推進法等の一部を改正する法律」成立にともない，2014（平成26）年10月にこれまでの「母子及び寡婦福祉法」から改題された．従来からも父子家庭への支援がなされてきたが，経済的に厳しい状況に

ある父子家庭も少なくない．福祉資金貸付を父子家庭も受けることができるようにするため父子福祉資金が設けられたほか，母子自立支援員や母子福祉団体についても，父子家庭が法律上もそれらの支援対象とされ，それぞれ母子・父子自立支援員と母子・父子福祉団体と改称された．

第3節　関連した法律

1　障害者基本法

「全ての国民が，障害の有無にかかわらず，等しく基本的人権を享有するかけがえのない個人として尊重されるものであるとの理念にのっとり，全ての国民が，障害の有無によって分け隔てられることなく，相互に人格と個性を尊重し合いながら共生する社会を実現するため，障害者の自立及び社会参加の支援等のための施策に関し，基本原則を定め」ている．あわせて「国・地方公共団体等の責務を明らかにするとともに，障害者の自立及び社会参加の支援等のための施策の基本となる事項を定めること等により，障害者の自立及び社会参加の支援等のための施策を総合的かつ計画的に推進することを目的」としている（第1条）．

2　精神保健及び精神障害者福祉に関する法律（精神保健福祉法）

精神障害者の医療及び保護を行い，「障害者総合支援法」と相まって「その社会復帰の促進及びその自立と社会経済活動への参加の促進のために必要な援助を行い，並びにその発生の予防その他国民の精神的健康の保持及び増進に努めることによって，精神障害者の福祉の増進及び国民の精神保健の向上を図ることを目的」としている（第1条）．

3　障害者の日常生活及び社会生活を総合的に支援するための法律（障害者総合支援法）

自立支援給付，地域生活支援事業，事業及び施設，障害福祉計画などについて規定している．「障害者基本法」の基本的な理念にのっとり，「身体障害者福祉法」などの障がい者及び障がい児の福祉に関する法律と相まって，「障害者及び障害児が基本的人権を享有する個人としての尊厳にふさわしい日常生活又は社会生活を営むことができるよう，必要な障害福祉サービスに係る給付，地域生活支援事業その他の支援を総合的に行い，もって障害者及び障害児の福祉の増進を図るとともに，障害の有無にかかわらず国民が相互に人格と個性を尊重し安心して暮らすことのできる地域社会の実現に寄与することを目的」としている（第1条）．

4　介護保険法

介護保険制度は被保険者の要介護状態又は要支援状態に関し，必要な保険給付を行っている（第2条）．「加齢に伴って生ずる心身の変化に起因する疾病等により要介護状態となり，入浴，排せつ，食事等の介護，機能訓練並びに看護及び療養上の管理その他の医療を要する者等について，これらの者が尊厳を保持し，その有する能力に応じ自立した日常生活を営むことができるよう，必要な保健医療サービス及び福祉サービスに係る給付を行うため，国民の共同連帯の理念に基づき介護保険制度を設け，その行う保険給付等に関して必要な事項を定め，もって国民の保健医療の向上及び福祉の増進を図ることを目的」としている（第1条）．

5　地域保健法

「地域保健対策の推進に関する基本指針，保健所の設置その他地域保健対策の推進に関し基本となる事項を定めることにより，母子保健法その他の地域保健対策に関する法律による対策が地域において総合的に推進されること

を確保し，もって地域住民の健康の保持及び増進に寄与することを目的」としている（第1条）．

6　母子保健法

「母性並びに乳児及び幼児の健康の保持及び増進を図るため，母子保健に関する原理を明らかにするとともに，母性並びに乳児及び幼児に対する保健指導，健康診査，医療その他の措置を講じ，国民保健の向上に寄与することを目的」としている（第1条）．

7　民生委員法

民生委員は「社会奉仕の精神をもって，常に住民の立場に立って相談に応じ，及び必要な援助を行い，社会福祉の増進に努める」ことを任務としている（第1条）．市（特別区を含む）町村の区域に置かれる（第3条）．都道府県知事の推薦により厚生労働大臣が委嘱する（第5条）．無給であり児童委員も兼務している．職務内容は，①住民の生活状態を必要に応じ適切に把握しておくこと，②援助を必要とする者が有する能力に応じ自立した日常生活を営むことができるように生活に関する相談に応じ，助言その他の援助を行うこと，③援助を必要とする者が福祉サービスを適切に利用するために必要な情報の提供その他の援助を行うこと，④社会福祉を目的とする事業を経営する者又は社会福祉に関する活動を行う者と密接に連携し，その事業又は活動を支援すること，⑤福祉事務所その他の関係行政機関の業務に協力すること，などである（第14条）．

参考文献
井村圭壯・相澤譲治編著『社会福祉の成立と課題』勁草書房，2012年．
大曽根寛編著『社会福祉と権利擁護』放送大学教育振興会，2012年．
井村圭壯・相澤譲治編著『総合福祉の基本体系（第2版）』勁草書房，2013年．
松井圭三・小倉毅 編著『社会福祉概論（改訂第2版）』ふくろう出版，2013年．
社会福祉士養成講座編集委員会編『福祉行財政と福祉計画（第4版）』中央法規，2014年．

第4章　社会福祉の行政組織

第 1 節　国の行政組織

1　厚生労働省

　社会福祉に関する国の行政機関として厚生労働省があげられる．厚生労働省の組織図を図4-1に示す．厚生労働省は中央省庁等改革により，2001（平成13）年に旧厚生省と旧労働省が統合されて誕生した組織である．厚生労働省は，「国民生活の保障・向上」と「経済の発展」を目指すために，社会福祉，社会保障，公衆衛生の向上・推進と働く環境の整備，職業の安定・人材の育成を総合的・一体的に推進することを目的としている．厚生労働省には11の局が設置されているが，このうち社会福祉に関する業務を主に担っているのは，社会・援護局，老健局，雇用均等・児童家庭局である．社会・援護局では社会福祉法人制度，福祉事務所，共同募金，社会福祉に従事する人材の確保や生活保護など広く社会福祉に関する制度の企画や運営を行っている．社会・援護局のもとには，障害保健福祉部があり，「障害者総合支援法」など障がい者の自立支援施策を行っている．社会・援護局が所管するのは，社会福祉法，生活保護法，社会福祉士及び介護福祉士法，精神保健福祉士法，民生委員法，障害者基本法，障害者総合支援法，身体障害者福祉法，知的障害者福祉法，精神保健及び精神障害者福祉に関する法律などである．老健局では，介護保険制度を中心に，高齢者が住みなれた地域で安心して暮らし続けることができるような介護・福祉施策を行っている．老健局が所管するのは，「老人福祉法」，「介護保険法」などである．雇用均等・児童家庭

第4章 社会福祉の行政組織

図4-1 厚生労働省の機構

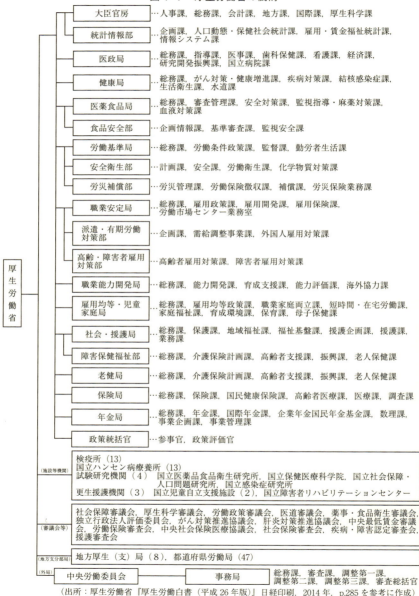

(出所:厚生労働省『厚生労働白書(平成26年版)』日経印刷,2014年,p.285を参考に作成)

局は，旧厚生省の児童家庭局と旧労働省の女性局を統合したものである．同局では男女の雇用機会の均等化，育児・介護休業制度，児童の保育や虐待の防止といった児童福祉施策，母子及び父子並びに寡婦福祉施策を行っている．雇用均等・児童家庭局が所管するのは，児童福祉法，児童扶養手当法，児童手当法，母子及び寡婦福祉法，母子保健法などである．

2　審議会

　厚生労働省には社会福祉に関する附属の機関として，各種審議会が設置されている．これらは厚生労働大臣の諮問機関としての役割を果たしている．審議会には，社会保障審議会や疾病・障害認定審査会などがある．社会保障審議会とはかつて存在していた中央社会福祉審議会，中央児童福祉審議会，身体障害者福祉審議会，医療審議会，医療保険福祉審議会を統合したものである．社会保障審議会では，社会保障制度や人口問題などの基本事項を審議することになっており，厚生労働大臣の諮問に答えるとともに関係行政庁に対して意見具申を行っている．審議会には専門分野ごとに，統計分科会，医療分科会，福祉文化分科会，介護給付費分科会，医療保険保険料率分科会が置かれている．

第 2 節　地方の行政組織

1　地方公共団体

　各都道府県レベルでは，知事の事務部局として福祉保健局や保健福祉部，健康福祉部などの福祉関係部局が設置されている．そして，これら部局から枝分かれする形で，高齢福祉課や児童家庭福祉課，障害福祉課などが置かれている．さらに，社会福祉に関する専門行政機関として，福祉事務所，児童相談所，身体障害者更生相談所，知的障害者更生相談所，婦人相談所が設置されている．都道府県の福祉関係部局が行う業務としては，社会福祉法人の

認可・監督，社会福祉施設の設置認可・監督，設置，保育所を除く児童福祉施設の入所事務，関係行政機関及び市町村への指導等があげられる．

指定都市と中核市においては，社会福祉に関連する事務は都道府県とほぼ同様となっている．したがって，一部の相談機関設置などの例外を除き，組織についてもほぼ同様である．

指定都市・中核市以外の市町村及び特別区においては，市区町村長の事務部局として必要な部課が設置されている．市町村のうち，市では福祉事務所の設置のほか，在宅福祉サービスの提供等，障がい者福祉サービスの利用等に関する事務を行っている．町村についても業務内容は市と同様であるが，福祉事務所の設置は任意である．

地方公共団体が設置する審議会として，地方社会福祉審議会と児童福祉審議会がある．これら審議会は都道府県，指定都市，中核市に置かれる．また，市町村は必要に応じて児童福祉審議会を設置することが可能である．審議会は，都道府県知事や市町村長の諮問に対する答申，意見具申を行っている．

2 福祉事務所

福祉事務所とは「社会福祉法」第14条に規定される「福祉に関する事務所」のことをさす．福祉事務所は1951（昭和26）年，社会福祉事業法の施行により，社会福祉の推進及び生活保護費の適切な給付のために設置された．現在，福祉事務所は，生活保護法，児童福祉法，身体障害者福祉法，知的障害者福祉法，老人福祉法，母子及び父子並びに寡婦福祉法に定める援護，育成または更生の措置に関する事務を担う現業機関である．都道府県と特別区を含む市には設置が義務づけられており，町村は任意設置となっている．概ね人口10万人ごとに1箇所の割合で設置されることになっており，2014（平成26）年現在，全国に1,247箇所存在している．設置状況をみると，都道府県208，市996，町村43となっている．福祉事務所には，所長，指導監督を行う査察指導員，現業を行う現業員，老人福祉指導主事，身体障害者福祉司，知的障害者福祉司などが配置されている．これら職員のうち，査察指

導員と現業員は社会福祉主事でなければならないと社会福祉法に定められている．

　福祉事務所のうち都道府県の福祉事務所と市町村の福祉事務所とでは所管する法律が異なり，またその業務内容にも違いがある．これは1990（平成2）年の福祉関係8法改正により1993（平成5）年から老人福祉，身体障がい者福祉の分野，また2000（平成12）年の社会福祉基礎構造改革により，2003（平成15）年から知的障がい者福祉の分野においても施設入所措置事務等が都道府県から市町村に移譲されたためである．そこで，都道府県福祉事務所と市町村福祉事務所の概要について説明する．

（1）　都道府県福祉事務所

　都道府県福祉事務所は福祉事務所を設置していない町村を対象に「生活保護法」，「児童福祉法」，「母子及び父子並びに寡婦福祉法」の3法を主に担当している．具体的な業務内容としては，生活保護の決定と実施，児童，妊産婦の実情把握，相談，調査指導，助産施設，母子生活支援施設への入所事務等，母子家庭等の実情把握，相談，調査，指導等である．また，都道府県には市町村の行う福祉サービスに関して後方支援を行う役割が求められている．そのため，老人福祉，身体障がい者福祉，知的障がい者福祉において，広域連絡調整機関として，①市町村相互間の連絡調整，情報提供，助言・支援等，②各市町村の実態把握も行うことになっている．

　都道府県福祉事務所は郡部を担当することから郡部福祉事務所とも呼ばれる．地方分権の進展により，都道府県福祉事務所の中心的役割は福祉事務所のない町村民の生活保護業務となってきている．また，近年では保健所や児童相談所等と機能を統合し，保健福祉センターなどの名称となっているところも増加してきている．

（2）　市町村福祉事務所

　市町村福祉事務所は福祉6法を担当している．「生活保護法」，「児童福祉

法」,「母子及び父子並びに寡婦福祉法」に関する業務については都道府県福祉事務所と同様である．他の業務としては，老人の実情把握・相談及び調査指導，施設への入所等，身体障がい者，知的障がい者の発見・相談・指導，情報提供，施設への入所等である．

3　児童相談所

児童相談所は,「児童福祉法」第12条に規定される児童福祉に関する第一線の行政機関である．2014（平成26）年現在，全国に207箇所設置されている．児童相談所は各都道府県及び指定都市に設置が義務づけられており，中核市は任意となっている．

児童相談所は，①市町村に対して，広域的な連絡調整，情報提供その他必要な支援を行うこと，②子どもに関する家庭その他からの相談のうち，専門的な知識・技術を要する相談に応じること，③子ども・その家庭について必要な調査を行ったり，医学・心理学・教育学・社会学・精神保健の立場から必要な判定を行うこと，④調査・判定に基づき子どもやその保護者に必要な指導を行うこと，⑤子どもの一時保護を行うこと，⑥施設入所などである．2004年の児童福祉法改正により，身近な児童相談については市町村が対応することになった．そのため現在，児童相談所は要保護性や緊急度の高い困難なケースの担当や，市町村間の連絡調整や情報提供，技術的な援助といった後方支援が主な役割となっている．

相談の種類としては，①養護相談（保護者の家出，失踪，死亡，離婚，入院等による養育困難児，棄児，迷子，被虐待児，親権を喪失した親の子，後見人を持たない児童等環境的問題を有する子ども，養子縁組に関する相談），②障がい相談（知的障がい，肢体不自由，重症心身障がい，視聴覚障がい，言語発達障がい，自閉症など障がいのある子どもの相談），③非行相談（嘘言癖，家出，乱暴，性的逸脱等のぐ犯行為，飲酒，喫煙等の問題のある子ども，触法行為があった子どもに関する相談），④育成相談（育児・しつけ，性格行動，適性，不登校などの子どもの育成上の問題に関する相談）などがあげられる．これら相談のうち，

最も多いのは障がい相談であるが，近年は虐待の問題が急増したことにより，養護相談が増加している．

児童相談所には，所長のほか，医師，児童福祉司，児童心理司，心理療法担当職員，保健師，保育士などがおかれている．

4　身体障害者更生相談所

身体障害者更生相談所は「身体障害者福祉法」第11条に規定される身体障がい者福祉に関する専門的相談機関である．2014（平成26）年現在，全国に80箇所設置されている．身体障害者更生相談所は都道府県，指定都市に設置義務があり，中核市は任意設置である．身体障害者更生相談所の主な業務は，市町村の身体障がい者に対する相談に際して専門的な知識・技術を必要とする場合に，市町村からの相談に応じること，身体障がい者の医学的・心理学的及び職能的判定を行うこと，必要に応じ，「障害者総合支援法」に規定する補装具の処方及び適合判定を行うことなどである．なお，これら業務は必要に応じ，巡回相談も行っている．身体障害者更生相談所には，身体障害者福祉司のほか，医師，心理判定員，理学療法士，作業療法士などが配置されている．

5　知的障害者更生相談所

知的障害者更生相談所は「知的障害者福祉法」第12条に規定される知的障がい者福祉に関する専門的相談機関である．2014（平成26）年現在，全国に84箇所設置されている．身体障害者更生相談所と同様，都道府県，指定都市に設置義務があり，中核市は任意設置である．知的障害者更生相談所の主な業務は，知的障がい者に関する問題について，家庭その他からの相談に応じる，18歳以上の知的障がい者の医学的，心理学的及び職能的判定を行い，ならびにこれに付随して必要な指導を行う，知的障害者福祉司に対して技術的指導を行うことなどである．相談や判定業務は必要に応じ，巡回により行うこともある．知的障害者更生相談所には，知的障害者福祉司のほか，医師，

心理判定員，職能判定員などが配置されている．

6　婦人相談所

　婦人相談所は「売春防止法」第 34 条に規定され，要保護女子に関する相談，調査等を行う機関である．都道府県のみに設置義務があり，2013（平成 25）年現在，全国に 49 箇所設置されている．婦人相談所の主な業務は，要保護女子等に関する各般の問題についての相談，要保護女子等とその家族について必要な調査や，医学的，心理学的，職能的判定とこれらに附随する必要な指導，要保護女子等の一時保護である．そのため，婦人相談所には，一時保護施設が設置されている．婦人相談所には婦人相談員を配置することになっている．

第 3 節　行政組織の関連施設・機関

1　国立施設

　厚生労働省が設置する附属機関として検疫所や試験研究機関，更生援護機関があげられる．これらのうち社会福祉関係のものは更生援護機関であり，国立児童自立支援施設，国立障害者リハビリテーションセンターがある．

（1）　国立障害者リハビリテーションセンター

　国立障害者リハビリテーションセンター（以下，センター）は，障がい者の自立及び社会参加を支援するため，総合的な医療・福祉サービスの提供，リハビリテーション技術や福祉機器の研究開発，リハビリテーション専門職員の人材育成等，障がい者リハビリテーションの中核機関としての役割を担っている．センターは 1979（昭和 54）年，身体障がい者の医療から職業訓練までを一貫して実施するために国立身体障害者リハビリテーションセンターとして設置された．その後，2008（平成 20）年に現在の名称に変更された．

また，2010（平成22）年度より，視力障害センター（栃木県・兵庫県・北海道・福岡県），重度障害者センター（静岡県・大分県），知的障害児施設秩父学園（現・福祉型障害児施設秩父学園）（埼玉県）がセンターの自立支援局に統合された．現在，センターには，管理部，自立支援局（国立光明寮，国立保養所，国立知的障害児施設），病院，研究所，学院が設置されている．

（2） 国立児童自立支援施設

国立児童自立支援施設として，武蔵野学院（埼玉県），きぬ川学院（栃木県）が設置されている．これら施設は，「児童福祉法」第44条に規定する不良行為をなし，又はなすおそれのある児童及び家庭環境その他環境上の理由により生活指導等を要する児童であって，特に専門的な指導を要するものを入所させ，その自立支援をつかさどり，あわせて全国の児童自立支援施設の向上に寄与することを目的としている．

2 独立行政法人国立重度知的障害者総合施設のぞみの園

のぞみの園は，1971（昭和46）年，重度の知的障がい者を終生保護する「国立コロニーのぞみの園」として設置された．2003（平成15）年に独立行政法人の組織となり，現在の名称に変更された．のぞみの園では，重度の知的障がい者の自立のための先導的・総合的な施設を設置・運営するだけではなく，知的障がい者の支援に関する調査・研究，養成・研修，職員の派遣などを通して情報提供や相談助言等を行っている．

3 独立行政法人福祉医療機構

福祉医療機構は，特殊法人改革により（旧）社会福祉・医療事業団の業務を引き継いで2003（平成15）年に誕生した組織である．福祉医療機構では，社会福祉施設の計画的整備や質の高い効率的な医療提供体制の構築といった福祉医療の基盤整備を進める事業を行っている．具体的には，社会福祉施設及び医療施設に対する貸付事業，社会福祉振興事業者に対する助成事業，退

職手当共済事業,心身障がい者扶養保険事業,年金受給者の生活支援のための貸付事業等である.

参考文献
石田慎二,山縣文治編『社会福祉新プリマーズ(第3版)』ミネルヴァ書房,2013年.
大久保秀子『新・社会福祉とは何か(第2版)』中央法規出版,2014年.
大橋謙策・岩田正美・白澤政和監修『現代社会と福祉　MINERVA社会福祉士養成テキストブック1』ミネルヴァ書房,2012年.
基礎からの社会福祉編集委員会編『社会福祉概論(第2版)』ミネルヴァ書房,2009年.
厚生労働省編『厚生労働白書(平成26年版)』日経印刷,2014年.
厚生労働統計協会『国民の福祉と介護の動向』厚生労働統計協会,2013年.
山縣文治・岡田忠克編『よくわかる社会福祉(第10版)』ミネルヴァ書房,2014年.

第5章　社会福祉の民間活動

第 1 節　社会福祉の民間活動とは

1　民間による社会活動のはじまり

　住み慣れた地域で最期を迎えることを理想とする人は少なくない．老いや障がい，病気と向き合いながら生きることができる社会とは何なのか．21世紀に入り，少子・高齢社会を迎えた日本において家庭の危機や地域社会の変容が深刻化している現状がある．向こう三軒両隣りという，古き良き日本の相互扶助による助けられたり，助けたりという地縁や血縁に支えられながら生活することができなくなり，地域での自治組織の維持さえも困難をきわめつつある．かつて，近世には五人組や結いが，近代には隣組などの相互扶助や方面委員制度による方面委員活動ならびにセツルメント活動などが，地域の抱える課題に向き合っていたと言われている．

　ノーマライゼーション，共生，コミュニティケア，人権尊重は，生きる権利の保障につながり，地域福祉のかなめとも言える理念である．これらの理念は，行政主導では実現しかねることであり，地域住民が福祉問題に関心をもつことや，主体的で自立的に参画できる場としてボランティア団体やNPOが機能していくことが，今後重要になってくる．病気や障がいなど，いろいろな困難を抱えていたとしても，その人がその人らしく自立した生活を送ることができるよう支えていく仕組みを，地域の中に構築していくことが求められている．

2 社会福祉の民間活動

地域住民が主体的・自主的に，その地域にあった活動に参画することを推進する契機となったのが，2000（平成12）年の社会福祉の増進のための「社会福祉事業法等の一部を改正する法律」である．同法の第4条には，地域福祉の推進主体として，「地域住民，社会福祉を目的とする事業を経営する者及び社会福祉に関する活動を行う者」が相互に協力することとある．すなわち，それぞれの地域社会にあった社会福祉を展開するには，地域住民が主体となって創造することから，近隣地域の社会福祉法人，NPO法人，生活協同組合，農業協同組合，民間企業など社会福祉を目的とする事業者や，市民活動団体，民生委員児童委員，ボランティアなど地域で福祉活動を行うものが参画し，協働することで進めていくことを推奨することになる．

従来の行政主導ではなく，地域社会で生活を営んでいる住民が主体となり，よりよいまちづくりを実現するために自立した生活の支援と社会参加を促すきっかけとなるのが，社会福祉の民間活動の役割なのである．

第2節　社会福祉の民間活動の内容

1　民生委員・児童委員

民生委員制度は，1917（大正6）年に岡山県で創設された「済世顧問制度」と，翌年に大阪府で創設された「方面委員制度」を始まりとしている．現在の民生委員制度は，1948（昭和23）年の「民生委員法」により規定されている．

民生委員は，地域社会の福祉を増進することを目的として，市町村の一定区域を担当し，その区域内の住民の生活状態を個別に把握し，自立した日常生活を営むことができるよう社会奉仕の精神をもって，相談，助言，情報提供に努めている．さらには，必要に応じて福祉事務所や社会福祉協議会と連

携しながら，住民への生活支援を行っている．選出の方法としては，都道府県知事の推薦により厚生労働大臣が委嘱し，その任期は3年で給与は支給されない．また「民生委員法」では，「児童福祉法」で定める児童委員を兼ねることと示されている．

児童委員は，担当区域内の子どもや妊産婦について，その生活と取り巻く環境を適切に把握し，保護や保健その他の福祉に関するサービスを適切に利用するために必要な情報を提供ならびに援助と指導を行う．さらには，児童福祉司や社会福祉主事と協力して子どもの健やかな育成ならびに福祉の増進を図るための活動を行っている．

また，子育て不安や子ども虐待，非行問題への対応として，1994（平成6）年より児童福祉に関する事項を専門的に担当する主任児童委員が設置され，2001（平成13）年の児童福祉法の一部改正に伴い法定化されるに至っている．

2　社会福祉協議会

社会福祉協議会は，2000（平成12）年に改正された「社会福祉法」において地域福祉の推進を旨とする位置づけで，一定の地域において住民の社会福祉活動を推進することを目的とする民間の組織であり，全国社会福祉協議会（全社協）を中央機関として位置づけ，都道府県および地域住民に身近な市区町村にそれぞれ設置されている．2013（平成25）年4月1日現在で，全社協が1箇所，都道府県社会福祉協議会が47箇所，指定都市社会福祉協議会が20箇所，市区町村社会福祉協議会が1,852箇所となっている[1]．

全社協は，都道府県・指定都市社会福祉協議会の連合会として設置された組織であり，主に調査研究や国と都道府県・指定都市社会福祉協議会との連絡・調整や活動の支援などを行っている．

都道府県・指定都市社会福祉協議会の役割としては，社会福祉施設・事業者への指導や助言，社会福祉事業従事者への研修，福祉人材の確保や養成を行っている．また，生活困窮者への支援ということで，低所得者・高齢者・

障がい者世帯に対して，経済的な自立や生活の安定を図ることを目的に生活福祉資金貸付事業を行っている．福祉サービス利用者への支援としては，認知症などで判断能力が十分でない人たちを対象に，福祉サービスの利用援助，日常的金銭管理などの実施・相談窓口となる「日常生活自立支援事業」（旧「地域福祉権利擁護事業」）と呼ばれる苦情解決事業が行われている．

　市区町村社会福祉協議会は，その地域に住んでいるすべての住民を会員とし，住民参加による地域福祉の推進と福祉のまちづくりを目指した活動をしている．自治会・町内会，学校・教育機関，保健所・医療機関，企業・商店などの身近な社会資源を利用しながら，市民活動やボランティアの支援，在宅福祉サービスの推進，共同募金運動への協力を行っている．また，地域住民の声を聴き，寄り添い，見守りながら，関連する諸機関との連絡・調整を行う福祉活動専門員として「コミュニティワーカー」が配置されている．

3　共同募金運動

　共同募金は，福祉施設や地域で福祉活動を行っている団体等を支援することを目的に寄付金を集める仕組みである．共同募金運動は，1947（昭和22）年に第1回共同募金運動が全国的に展開されたことに端を発する．その後，民生委員を中心に「歳末たすけあい運動」として発展し，1959（昭和34）年に共同募金の一環となり，共同募金の運動期間も10月1日から12月31日の3ヵ月に拡大され，今日に至っている．

　共同募金運動は，地域福祉の推進を目的とする募金運動として，地域のボランティア団体やNPO，福祉施設，社会福祉協議会など幅広い民間社会福祉事業を支えるための財源となっている．共同募金は，各地域でその用途や目標額を事前に定めて募金を募る「計画募金」であり，集められた募金の約7割は募金が集められた地域で活用され，残りは広域での活動や大規模災害に備えた「災害等準備金」として積み立てられる．2013（平成25）年度の共同募金の募金総額は約191億円，助成総額（運動経費を除く）は約165億円であり，助成件数は全国で年間約6万件に上り，各地の地域福祉活動を支え

ている[2]．また，地域福祉の担い手である民生委員・児童委員の活動費や災害時要援護者支援のための調査やマップ作成ならびに，高齢者や障がい者の交流事業やサロン活動など幅広く助成されている．

一方で，募金総額は1995（平成7）年を境に減少に転じ，2002（平成14）年以降は目標総額に募金実績が及ばない状況になっている．赤い羽根共同募金会のホームページ「はねっと」では，全国の市町村毎の配分内容が検索できるようになっている．同ホームページへのアクセスにより，共同募金への理解を住民一人ひとりに促し，募金を通じて「自分のまちをよくする活動」へとつながっていくことが期待される．

4　NPO法人

NPOとは，「Non-Profit Organization」もしくは「Not for Profit Organization」の略称で，「民間非営利組織」と訳されている．日本では，1995（平成7）年の阪神・淡路大震災をきっかけとして，住民の主体的なボランティア活動があらためて見直され，「ボランティア元年」とも呼ばれた．このような民間による社会貢献活動に対し，継続・維持できるよう支援する法律として，1998（平成10）年に「特定非営利活動促進法」すなわち「NPO法」が成立している．

この法律では，ボランティア団体や住民参加型福祉サービス団体等が法人格を取得しやすくすることで，社会的な信用が付与され，団体としての活動がより進展することと，公益の増進に寄与することを目的としている．活動分野としては，NPO法の別表に定められている20分野があり，保健・医療・福祉，社会教育，まちづくり，災害救援活動，男女共同参画社会等々さまざまな活動が展開されている．2014（平成26）年3月31日現在で，「保健，医療又は福祉の増進を図る活動」が28,702件の法人数となっており，次いで「社会教育の推進を図る活動」が23,231件となっている[3]．また，福祉分野においては，法人格を取得し，とくに介護保険事業の指定事業者として支援活動を行うNPOが増えている．

今日の地域福祉の課題は，教育，住宅環境整備，まちづくり，文化・芸術等に及ぶため，さまざまな活動団体や機関との協働が求められている．NPOがもつ特定課題への強みと，市区町村社会福祉協議会の組織力と専門性とを統合し，協働することが期待されている．この協働によって，きめ細かな生活支援や予防活動の展開，担い手の広がりが見出されると考えられる．

5　ボランティア団体

ボランティアという用語については，わたしたちの生活の中に違和感なく定着していることばの一つである．「ボランティア学習」「ボランティア活動」「ボランティア団体」「ボランティアセンター」「海外ボランティア」「(病)院内ボランティア」等々いろいろな形態，場所で使用されている．昨今では，大学や専門学校など教育機関で正課の講座として単位が出されることもある．ボランティアについては，自主的・自発的な社会活動への参加や，無償の奉仕活動という意味合いで捉えられることがある．決して間違いではありませんが，有償ボランティアなど今日の社会では臨機応変に理解し，使用することも大切な視点となるのである．

近年，震災や風水害などで甚大な被害を受けた地域で，医療，福祉，環境整備，子育て等に医師や看護師，心理カウンセラーなどの専門職から一般の方，年代を問わずさまざまな境遇にある人がボランティアとして活動している．その中には，社会福祉協議会や民間のボランティア協会に設置されている，ボランティアセンターより派遣されていることがある．このボランティアセンターの役割には，ボランティア活動の情報把握や提供，活動参加への支援，活動への支援と基盤整備，プログラムの開発・実施などがある．さらには，ネットワーク作りとして，地域のボランティア団体や機関との連絡・調整などを主に行っている．

第 3 節　社会福祉の民間活動の課題

　少子高齢社会の到来，核家族化等の家族像の変容に伴い，社会福祉を取り巻く環境の変化に対応して，1997（平成 9）年 12 月に「介護保険法」が成立し，2000（平成 12）年 4 月より施行された．また，2013（平成 25）年 4 月に「障害者の日常生活及び社会生活を総合的に支援するための法律」が施行され，高齢者や障がい者の自立した生活を支援する体制が整ってきた．しかし，制度の充実とは裏腹に，現実の社会では孤独死や無理心中を図る人が後を絶たない．防災，防犯，福祉，介護予防，虐待防止などさまざまな生活課題が生まれており，生活する上で大きな不安材料になっている．
　このような制度のはざまにある人へ支援の手を伸ばすには，行政と地域住民が協働し，民生委員との連携を通じて継続的な見守りと支援を行っていく必要が出てくる．地区社会福祉協議会では，自治会単位で，ひとり暮らし世帯，高齢者世帯，障がい者の方や子育て中の方への地域見守りネットワーク事業・あんしん見守りネットワーク事業などを展開している．
　このような事業は，地域住民の理解を得ることがなければ成立しない．前節で「共同募金運動」が目標額を達成できないということを書いたが，地域住民に理解を得るための啓発活動が必要となってくる．また，NPO・ボランティア団体による活動については，地域住民が参加することの意義について示すことができるような体制作りと，そのためのマネジメントや人材育成が今後の課題となってくる．

注
1) 『国民の福祉と介護の動向 2014／2015』厚生労働統計協会，2014年，p.257.
2) 赤い羽根共同募金会ホームページ
http://www.akaihane.or.jp/about/ history/history03.html
3) 『国民の福祉と介護の動向 2014／2015』（前掲）p.259.

参考文献
佐藤慶幸『NPOと市民社会』有斐閣，2002年.
井岡勉監修『住民主体の地域福祉論』法律文化社，2008年.
全国社会福祉協議会地域福祉推進委員会編『ふれあい・いきいきサロンのてびき』全国社会福祉協議会，2008年.
岩間伸之・原田正樹『地域福祉援助をつかむ』有斐閣，2012年.
『国民の福祉と介護の動向 2014／2015』厚生労働統計協会，2014年.

第6章　社会福祉従事者

第 1 節　社会福祉従事者の現状と資格制度

1　社会福祉従事者の現状

　現在，日本では少子高齢化の急速な進行，ライフスタイルの多様化，世帯構成人員の減少などにより，国民の社会福祉へのニーズが高まるとともに，複雑化している社会福祉問題に専門的対応が求められている．このような状況のもと，「公私の社会福祉機関，施設，団体などに所属し社会福祉に従事する者の総称」[1]を意味する社会福祉従事者は，社会福祉の増進及び地域福祉の向上などの役割を担っている．

　総務省「労働力調査」によると，社会保険・社会福祉・介護事業に従事する社会福祉従事者数は，2003（平成15）年に189万人であったが，2013（平成25）年では355万人となり，社会福祉制度・政策の拡充に伴い，急速に増加している．産業構成別に見ると，老人福祉・介護事業に従事する者が最も多く，次いで児童福祉，障がい者福祉事業等と続いている．社会福祉従事者の職種は，社会福祉施設の職員，訪問介護員，福祉事務所などの行政機関の職員，社会福祉協議会の職員等があり，所属する施設等に応じ，さまざまな職種や職務内容に分類され，各職種に応じた専門性が必要とされている．

2　社会福祉従事者の資格

　社会福祉従事者は，人びとの生活や生命に携わることが多く，有する知識や技術等が，提供するサービスの質に直接的な影響を及ぼす．そのため，行

政や社会福祉施設等の任用においては，一定の専門性としての要件を満たしていることが求められ，各種法令により資格としての制度化が進められてきた．そして，急速な高齢化の進行に伴い，介護を必要とする要介護者が増加する一方，世帯規模の縮小，扶養意識の変化等に伴い，家庭における介護能力の低下がみられる状況のもと，福祉に関する相談や介護を依頼できる専門的能力を有する人材を養成，確保し，増大する福祉ニーズに適切な対応を行うこと等を目的として，「社会福祉士及び介護福祉士法」が1987（昭和62）年に制定された．同法の成立に伴う社会福祉専門職の国家資格化により，専門職としての一定の基準を示すこととなった．

ここでは社会福祉従事者の主な資格として，社会福祉士，介護福祉士，精神保健福祉士，保育士を紹介する．

（1） 社会福祉士

社会福祉士は，身体上もしくは精神上の障がいがあること又は環境上の理由により日常生活を営むのに支障がある者の福祉に関する相談に応じ，助言，指導，福祉サービスを提供する者又は医師その他の保健医療サービスを提供する者その他の関係者との連絡及び調整その他の援助を行う．社会福祉士は，社会福祉施設に従事するだけでなく，学校，法律事務所，刑務所，独立型社会福祉士事務所など，職域が拡大している．

（2） 介護福祉士

介護福祉士は，身体上又は精神上の障がいがあることにより日常生活を営むのに支障がある者に心身の状況に応じた介護を行い，その者及びその介護者に対して介護に関する指導を行う．2012（平成24）年4月から，医師・看護師等のみ実施可能となっていた，たんの吸引等の行為を一定の研修や条件の下で実施できるようになるなど，業務内容も広がりを見せ，高齢者領域の施設等で中核的役割が期待されている．

（3） 精神保健福祉士

　1997（平成9）年に「精神保健福祉士法」が制定され，精神保健福祉士が誕生した．精神保健福祉士は，精神科病院その他の医療施設において精神障がいの医療を受けている者，又は精神障がい者の社会復帰の促進を図ることを目的とする施設を利用している者の地域相談支援の利用に関する相談その他の社会復帰に関する相談に応じ，助言，指導，日常生活への適応のために必要な訓練その他の援助を行う．現在，ストレス社会といわれる状況下，医療，保健，福祉にまたがる領域でメンタルヘルス等に関わる精神保健福祉士の役割は，ますます重要となっている．

（4） 保育士

　保育士は，児童の保育及び児童の保護者に対する保育に関する指導を行う．保育士は，児童が心身ともに健やかに生まれ，且つ，育成され，すべて児童はひとしくその生活を保障され愛護されなければならないことを目的とした「児童福祉法」において規定されている．かつて保育士は，1947（昭和22）年の児童福祉法施行によって保母という名称の任用資格として始まったが，その後，1999（平成11）年に保育士へ名称変更し，2001（平成13）年に法定化され，現在に至っている．女性の社会進出や家族形態の変化に伴い，子育てを支援する専門職として，保育士への需要は高まっている．

　これらの資格は，資格保持者でなければ業務を行うことができない業務独占資格ではなく，資格保持者のみがその資格の名称を使用できる名称独占資格として位置づけられる．

　この他にも，社会福祉主事，介護支援専門員などさまざまな資格があるが，社会福祉従事者は，資格取得だけでなく，自らの人間性や専門性をより高めるためにも，資格取得後の自己研鑽が必要である．

第 2 節　社会福祉従事者の専門性と倫理

1　社会福祉従事者の専門性

　社会福祉，保健医療，住居，雇用，養育等の多様化・複雑化した課題を有した人びとを対象とし，支援を行うためには，やさしさや思いやりなどの思いだけでは解決することが困難なケースも多く，社会福祉従事者には，問題の改善や解決に向けて，専門的な知識や技術等に基づく専門性が求められる．専門性とは，「政策，職業，技術などにおける相対的固有性，あるいはそれに対する社会的承認がされている状況を形成している特性のこと」[2]をいうとされている．社会福祉従事者の専門性は，「①人間と社会に関する正確な理論，②実践・援助を的確に行いうる方法・技術，③社会的不正義・不公平を鋭く見抜く社会的感受性，④社会問題の原因を見抜く社会科学的視点，⑤社会福祉的人間観，5つの要件が統合されて，形成・発揮されると考えられる」[3]としている．

　また，社会福祉従事者において，従事する社会福祉施設等の職種によって期待される知識や技術に違いはあるが，共通する知識や技術も存在する．共通して求められる専門的知識としては，人間の心理・行動・精神面などに関する知識，高齢者，障がい者などの対象者に関する知識，施設・機関や地域等の実践現場に関する知識，社会福祉の制度や理論などの実践領域に関する知識，社会福祉に隣接する医学，法学，心理学などに関する知識，あらゆる職種にも通用する対人援助技術等があり，各専門職の専門的知識や技術等と併せて修得しておくことが重要である．また，社会福祉従事者の職務は，たとえ同じ専門性を持っていたとしても，誰が行っても同じではなく，誰が，どのように行うかが重要であり，社会福祉従事者は，専門的知識や技術等を身につけ，その専門性を高めるとともに，人としての豊かな人間性を成長させていく必要がある．

社会福祉のさまざまな活動においては，社会福祉従事者以外にもボランティアなどのインフォーマルな立場の人びとが重要な役割を担っている側面もあるが，社会福祉従事者が専門職として，職務を行う上での判断基準の背景にあるのが，専門性である．秋山智久は，海外及び国内の先行研究を検討し，社会福祉専門職の条件として，「①体系的な理論，②伝達可能な技術，③公共の関心と福祉という目的，④専門職の組織化，⑤倫理綱領，⑥テストか学歴に基づく社会的承認」[4]の6点にまとめている．社会福祉の専門職は，倫理を意識しながら，さまざまな実践場面で判断をし，有する専門性を駆使することで，社会福祉の対象となる人びとの生活を支えていくことができるのである．そして，社会福祉従事者が，専門職として発展し続けるためには，その専門性の向上のための自己研鑽が求められる．

社会福祉従事者は，人間の尊厳を前提とし，社会福祉の対象となる人びとを支援するため，社会福祉に関する知識，技術等の専門性と倫理性の維持，向上が職責として求められている．また，社会福祉従事者は，社会福祉の専門性が社会的により広く認知されるような取り組みを推進することにより，地位の向上を図っていく必要がある．

2　社会福祉従事者の倫理

社会福祉従事者には，専門性と同じく倫理性が強く求められる．そして，個人的な興味や関心で行動するのではなく，自ら守るべき理念や専門職として行動する際における行動規範等の専門職の職業倫理を倫理綱領にまとめ，倫理綱領を守ることで，専門職としての自覚を促し，質の向上を目指している．倫理綱領とは，「専門職成立の一条件であって，専門職団体がその中核的な価値観を明文化し，みずからの向かうべき自我像，自己の責務，最小限の行動準則などを掲げて，自己規制を行う基準を示したものである」[5]とされている．これらの認識のもと，各職能団体は，倫理綱領を定めている．

「日本社会福祉士会倫理綱領」では，ソーシャルワークの知識，技術の専門性と倫理性の維持，向上が専門職の職責であるだけでなく，社会全体の利

益に密接に関連していることを認識し，倫理綱領を遵守することを誓約する者により，専門職団体を組織することが述べられている．内容としては，価値と原則，倫理基準として，①利用者に対する倫理責任，②実践現場における倫理責任，③社会に対する倫理責任，④専門職としての倫理責任等が述べられている．この倫理綱領に基づき，社会福祉士が社会福祉実践において従うべき行動として，利用者の利益の最優先，利用者の自己決定の尊重，秘密の保持などの社会福祉士の行動規範が示されている．

日本介護福祉士会倫理綱領では，一人ひとりの心豊かな暮らしを支える介護福祉の専門職として，倫理綱領を定め，自らの専門的知識・技術及び倫理的自覚をもって最善の介護福祉サービスの提供に努めること等が記されている．具体的倫理基準としては，①利用者本位，自立支援，②専門的サービスの提供，③プライバシーの保護，④総合的サービスの提供と積極的な連携，協力，⑤利用者ニーズの代弁，⑥地域福祉の推進，⑦後継者の育成が示されている．

次に，日本精神保健福祉士協会倫理綱領では，①精神保健福祉士の専門職としての価値を示す，②専門職としての価値に基づき実践する，③クライエントおよび社会から信頼を得る，④精神保健福祉士としての価値，倫理原則，倫理基準を遵守する，⑤他の専門職や全てのソーシャルワーカーと連携する，⑥すべての人が個人として尊重され，共に生きる社会の実現をめざすことを実現することを目的とし，倫理原則や倫理基準が定められている．具体的倫理基準としては，専門職としての責務における専門性の向上などが記されている．

また，全国保育士会は，保育士のさらなる質の向上等を目指し，倫理綱領を定め，①子どもの最善の利益の尊重，②子どもの発達保障，③プライバシーの保護，④チームワークと自己評価，⑤利用者の代弁，⑥地域の子育て支援，⑦専門職としての責務などが記されている．

このようにそれぞれの職能団体が，社会的な役割や責任を果たすために，個人の価値観で判断し行動するのではなく，自らの行動を律する基準・規範

である職業倫理を定め，倫理綱領として明文化している．

　社会福祉の実践現場においては，相反する価値や倫理の判断基準があって，選択が困難となる倫理的ジレンマが生じる可能性がある．例えば，社会福祉の対象となる人びとの自己決定は，尊重されるべき重要な価値であるが，その自己決定が自分自身や他人を傷つける可能性がある場合，どの視点や価値を優先し判断すべきなのかジレンマに陥ることがある．この際，行動の指針となるのが倫理綱領であり，社会福祉従事者は，対人援助において倫理綱領の活用が求められる．社会福祉従事者は，所属する施設・機関や自らの利益を優先し判断を行うのではなく，社会福祉の対象となる人びとの利益を最優先しなければならず，自らの行動の指針となる倫理が不可欠である．

第3節　保健・医療関係分野の専門職との連携

　現在，社会福祉の対象となる人びとが自ら解決することが困難な問題は，多様化，複雑化し，問題を解決するためには，対象者の日々の生活を多角的に捉えた上でアプローチすることが重要である．社会福祉の対象となる人びとは，病気や怪我などを抱えているケースも少なくなく，特に保健・医療分野の専門職との連携が求められる．

　保健・医療・福祉の連携は，「保健・医療・福祉に関連する専門職および施設機関が従来の自己完結的な支援に留まらず，より一貫性の高い，総合的な支援を実施する目的で，協力体制を築くこと」[6]とされている．保健・医療分野における専門職には，医師，保健師，看護師，薬剤師，義肢装具士，管理栄養士などさまざまな職種がある．

　「社会福祉士及び介護福祉士法」において，社会福祉士は，福祉サービス及び関連する保健医療サービスその他のサービスが総合的かつ適切に提供されるよう，地域に即した創意と工夫を行いつつ，福祉サービス関係者等との連携を保たなければならないことが記され，保健・医療との連携が重視されている．実際，介護老人福祉施設では，医師，生活相談員，介護職員，看護

師，栄養士，要介護者が適切な介護サービスを利用できるよう支援等を行う介護支援専門員，利用者のリハビリを主に行う機能訓練指導員が配置されており，多様なニーズをもつ利用者に対して，福祉・保健・医療等のさまざまな専門職が連携することにより，互いに情報や支援計画等を共有し，チームとしてアプローチしている．チームアプローチによる協働での支援を行うためには，専門職間がどのように連携するかという視点だけでなく，強固なチームワークの構築が求められる．

保健・医療分野の専門職との連携は，社会福祉施設等内において連携するケースだけでなく，複数の施設・機関にまたがって連携するケースもあり，各専門職が互いの専門性を理解し，連携を取り合える関係性を構築することで，継続的で総合的な支援を行うことができる．

2005年に「介護保険法」の改正で定められた，地域住民すべての心身の健康の維持，生活の安定，保健・福祉・医療の向上と増進のために必要な支援を包括的に担う地域包括支援センターでは，保健師，社会福祉士，地域の介護支援専門員へ助言や指導等を行う役割を担う主任介護支援専門員の3専門職が配置され，それぞれの専門性を活かして連携しながら業務にあたっている．今後は，さまざまな社会福祉施設・機関等においても，多様化するニーズに対応できるよう，保健・医療・福祉の連携が強く求められる．

社会福祉従事者は，社会福祉の対象となる人びとが抱える多様化・複雑化した問題に対し，生活全体への支援を行うため，自らの専門性を発揮するだけでは解決困難なケースも生じるが，保健・医療関係分野等の専門職と連携することで，問題状況の改善・解決を図ることができるのである．

注
1) 京極高宣監修『現代福祉学レキシコン』雄山閣出版，1993年，p.215.
2) 山縣文治・岡田忠克編『よくわかる社会福祉（第9版）』ミネルヴァ書房，2012年，p.18.
3) 仲村優一・岡村重夫ほか編『現代社会福祉辞典』全国社会福祉協議会，1988年，p.240.

4）秋山智久『社会福祉専門職の研究』ミネルヴァ書房，2007年，p.89.
5）『よくわかる社会福祉（第9版）』前掲書，p.472.
6）『現代福祉学レキシコン』前掲書，p.76.

参考文献
足立叡編『社会福祉原論』みらい，2007年．
井村圭壯・相澤譲治編著『社会福祉の基本体系（第4版）』勁草書房，2008年．
大塚達雄・井垣章二ほか『社会福祉　MINERVA福祉専門職セミナー③』ミネルヴァ書房，1998年．
小田兼三・杉本敏夫編著『社会福祉概論（第2版）』勁草書房，2010年．
厚生労働省『福祉分野の雇用動向について』労働市場分析レポート第21号，2013年10月29日．
総務省統計局『労働力調査』2003年，2013年．
宮田和明・加藤幸雄ほか編『社会福祉専門職論』中央法規出版，2007年．

第7章　社会福祉における相談援助

第 1 節　相談援助の意義と原則

1　相談援助の意義

　社会福祉における相談援助の拠り所となるのは，ソーシャルワーク（social work）という実践方法の体系であり，その考え方である．

　ソーシャルワークについては，国際ソーシャルワーカー連盟（IFSW）が2000年に定義し，わが国において社会福祉の専門職団体が採択している次の定訳を共通理解としたい．

　「ソーシャルワークの専門職は，人間の福利（ウェルビーイング）の増進を目指して，社会の変革を進め，人間関係における問題解決を図り，人びとのエンパワーメントと解放を促していく．ソーシャルワークは，人間の行動と社会システムに関する理論を利用して，人びとがその環境と相互に影響し合う接点に介入する．人権と社会正義の原理は，ソーシャルワークの拠り所とする基盤である．」

　つまりソーシャルワークは，個人と環境が相互に影響し合うなかで生じる問題にアプローチする．社会福祉における相談援助も，個人や家族を取り巻く環境（人間関係や社会状況）からクライエントが受けるさまざまな影響を読み解くことが実践の鍵となる．

　変動する社会状況のなかで，個人や家族が抱える困難の質も多様化している．そのなかにあって，個人や家族のニーズと社会資源との調整を図りながら，クライエントにとっての生活のしづらさをできるかぎり緩和していこう

とすることに相談援助の社会的意義がある．

2　相談援助の原則

相談援助の特質を分かりやすく整理したものとして，バイスティック（Biestek,F.P.）による専門的援助関係を形成するために求められる7つの態度が知られている．わが国では「バイスティックの原則」として紹介された．福祉や保育，看護など何らかのかたちで相談援助に関わりをもつ人びとであれば，いつも心の片隅に忘れずにしまっておきたい原則である．

（1）　クライエントを個人としてとらえる（個別化の原則）

生活の有り様には，その人の生き方や生き様が反映されている．それはまた，本人が自らの生をどのように全うしようとしているかといったことにも結びつくものである．それは強く個別性の表れる世界であり，相談援助の基本は，一人ひとり異なることが自然である個別性に対する理解にあるといってよいだろう．

（2）　クライエントの感情表現を大切にする（意図的な感情表出の原則）

個別性を理解するためにはまず，クライエントの感情の動きに焦点をあてて，それに寄り添うことを心がけねばならない．そのとき表現された感情が，援助者にとって好ましいとは思えない反応だったとしても，あるがままに表現されたクライエントの感情の由来を理解することに心を傾ける必要がある．

（3）　援助者は自分の感情を自覚して吟味する
　　　（統制された情緒的関与の原則）

そのためにも援助者は，クライエントとの関係性のなかで感じる自らの心のゆらぎを説明することができるよう自己研鑽する必要があり，客観的な自己を保つ努力を怠ってはならない．とはいえ，援助者も人間である．思うようにいかないこともある．だからこそ，折に触れて自身の内面を見つめ直す

(4) クライエントを受けとめる（受容の原則）

先に挙げた3つの原則が前提となって，はじめて目の前にいるその人を受けとめることができる．クライエントが抱える困難の解決に向けて共同でさまざまな課題に取り組むことは，ありのままのその人をあるがままに受けとめることからはじまる．そのために，時として援助者自身が自己開示しながら援助者の人間像を伝えながら援助関係を促進する配慮をしていくことも必要となる．

(5) クライエントを一方的に非難しない（非審判的態度の原則）

受けとめることは，言葉にするほどにはたやすく実践できることではない．価値判断の基準には人それぞれの傾向があり，他者と自身の基準に大きな隔たりがある場合，他者の価値判断を容易に受け入れられないものである．そのことがクライエントに対する一方的な非難につながり，言動・行動の善し悪しや援助者自身の価値判断に縛られることにより，出来事の背景にある"事情"についてクライエントが口を閉ざすことも起こり得る．

(6) クライエントの自己決定を促して尊重する
（クライエントの自己決定の原則）

こうした援助者の姿勢により，はじめてクライエントと援助者は共に問題解決に取り組むことができる．援助が終結を向かえた後も，クライエントは自らの人生を創っていかねばならない．そのため，相談援助の場で自らの意思によって決定するという体験を持つことが人生の糧となることもあろう．クライエントが自らの意思によって選択と決定を行うためには，適切な情報提供によって選択肢が示され，クライエントの意思を尊重しながらも，さまざまな感情に応えることができるような助言の機会を持つことが必要なのである．

（7） 秘密を保持して信頼感を醸成する（秘密保持の原則）

一連の原則の中でも，秘密を保持することは援助者の職業倫理と社会的責任が問われる，対人援助における最重要事項のひとつだといえる．秘密は守られるという援助者とクライエント両者の信頼関係のベースがなければ，援助関係が進展することはないであろう．

第 2 節　相談援助の方法と技術

1　相談援助技術のバリエーション

相談援助技術は，クライエントと援助者が対面することにより実践を展開する「直接援助技術」と，クライエントを取り巻く環境を調整することによって生きづらさの根源となっている状況を改善していこうとする「間接援助技術」に区分されている．また，これら相談援助技術の効果を高めるために，隣接領域の技術を活用する「関連援助技術」がある．

（1） 直接援助技術の方法

どのようなすばらしい法律や制度があったとしても，それを血の通った意味ある実践活動につなげていくことができなければ，社会福祉の社会的使命を具現化することはできない．その意味で，直接クライエントにかかわる援助者のあり方そのものが支援の行く末を方向づけるといっても，決して言い過ぎではないだろう．そういった意味で直接援助技術は，相談援助の"芯"を担う技術だといえる．

したがって援助者は，自らの人間性や，そこから滲み出る態度，行動，発言などの表現手段がクライエントに与える影響について，常に省察を試みる努力を怠ってはならない．黒川昭登が「人格の道具」[1]ということばを用い，クライエントを支援する際の前提として，まず自身の人格的向上と，自己を適切に動かすことの重要性を説いたのは，このためである．

この直接援助技術には，個人や家族をひとつのケースとしてとらえてアプローチする「ケースワーク（個別援助技術）」，グループにみられる相互作用の力を活用することによって個人の内面的成長をも期待する「グループワーク（集団援助技術）」がある．これらによって，クライエント自身に本来備わっている生への意欲や生活をつくっていく能力ができるかぎり発揮されるよう援助を試みるのである．

（2） 間接援助技術の方法

相談援助の特質は，クライエントと，クライエントが生きづらさを感じている環境との調整活動にあり，そのために必要であれば社会資源の開発やその効果的な活用を検討していかねばならない．間接援助技術は，直接クライエントに対面する方法ではないが，地域全体に視野を広げて環境を整備するという点において，結果として住民一人ひとりの声に応えていこうとする方法であるとともに，直接援助技術における環境調整を促進する．

間接援助技術の中核的方法は，地域住民が主体性をもって，地域の抱える課題を解決していくことができるよう促していく「コミュニティワーク（地域援助技術）」である．その他に，クライエントや地域のニーズを発見・分析，社会福祉サービスの効果を検証するなどの「ソーシャルワークリサーチ（社会福祉調査法）」，社会福祉施設や機関における適切な組織運営や組織の目的を達成するための手段の選択などにかかわる「ソーシャルアドミニストレーション（社会福祉運営管理法）」，変動する社会に対応するため見通しをもって社会福祉計画を策定する手続きとしての「ソーシャルプランニング（社会福祉計画法）」，福祉行政に働きかけて変革を求める行動を起こす「ソーシャルアクション（社会活動法）」がある．

（3） 関連援助技術

相談援助では面接を活用する場面が多いため，心理的なアプローチによる自己洞察を促し，人格的な成長を目指す「カウンセリング」の技術を援助者

は修得しておく必要がある．

　また，「スーパービジョン」は援助者のための援助であり，経験の浅い援助者がより熟練した援助者から助言・指導を得ることにより職業上の目的を達成しようとするものである．このことにより，援助者の燃え尽き（バーンアウト）の予防にもつながっていく．「コンサルテーション」は他の領域の専門家から助言を得る方法であり，多様かつ複雑化している福祉の問題を広い視野から解決するために求められる．

　その他にも援助者は，迅速かつ適切に複数のサービスを組み合わせて提供していく「ケアマネジメント」の方法，組織内における「チームワーク」や関係施設・機関との有機的な連携を図る「ネットワーク」の方法について理解を深めておかねばならない．

2　地域を基盤とした包括的かつ総合的な相談援助の視点

　これまで社会福祉の問題は分野や対象者別に各専門領域で対応してきたが，ひとつの専門領域に収まらない複合的な問題がみられるようになってきた．そこで注目されるようになったのが，「地域を基盤とした包括的かつ総合的な相談援助」の考え方である．クライエントが生活する地域のなかで，状況に応じて適切な方法を取捨選択していくことにより一体的な援助を展開していくことが相談援助の新たな流れをつくっている．

　窪田暁子は，「自分の言い表しがたい気分に共感を持って接してくれる，安心できる，好感の持てる相手の眼の中に映っている自分と出会うことによって，人は自分自身を新しい眼で見直すことを学ぶ」とし，相談援助の専門職は「共感する他者」でなければならないという[2]．クライエントと共に生活の再構築を目指す援助者は「共感する他者」として，その役割を果たすことが求められている．

　同時に，行政や近接領域との協働により，クライエントの課題は他人事ではないという意識を地域住民の内面に培うことで，専門職でなくても身近な「共感する他者」を地域のなかに育んでいくことも必要である．こうした存

在が，クライエントの生き方に変容をもたらす"添え木"のような役割を果たしてくれる．その意味でも，調整し，つなぐ方法としての相談援助が果たす役割が大いに期待されるところである．

注
1）黒川昭登『臨床ケースワークの診断と治療』誠信書房，1996 年，p.319.
2）窪田暁子『福祉援助の臨床』誠信書房，2013 年，pp.55〜56.

参考文献
植田章『社会福祉援助実践の展開』高菅出版，2011 年.
社会福祉士養成講座編集委員会編『相談援助の基盤と専門職（第2版） 新・社会福祉養成講座6』中央法規出版，2011 年.
バイステック，F. P. 著，田代不二男・村越芳男訳『ケースワークの原則　よりよき援助を与えるために』誠信書房，1965 年.
バイステック，F. P. 著，尾崎新・福田俊子・原田和幸訳『ケースワークの原則　援助関係を形成する技法（新訳改訂版）』誠信書房，2006 年.

第8章 社会福祉における利用者の保護にかかわる仕組み

第1節 情報提供と第三者評価

1 情報提供

　現在の福祉サービスは,「契約」が基本である．利用者が自分自身でサービスを選択し，事業者と契約し，利用する仕組みである．そこで，利用する側にとっては，サービス内容や費用負担などに関する情報が不可欠となる．サービスの中には，そのサービスを利用した本人から申し出を行うことによって，サービスが実施されるものもある．そのこともあり，サービスを利用するにあたって，どのようなサービス内容であるのかを知ることがまず大切である．

　1998（平成9）年の「児童福祉法」改正では，保育所の入所の仕組みが，「選択利用」へと変更されたことによって，市町村に対する情報提供の義務化（児童福祉法第24条）が規定された．同時に，保育所自体にも情報提供に努める旨の規定がされている．

　また,「社会福祉法」第75条では，情報の提供について次のように規定している．

　「第75条　社会福祉事業の経営者は，福祉サービス（社会福祉事業において提供されるものに限る．以下この節及び次節において同じ．）を利用しようとする者が，適切かつ円滑にこれを利用することができるように，その経営する社会福祉事業に関し情報の提供を行うよう努めなければならない．　2．国及び地方公共団体は，福祉サービスを利用しようとする者が必要な情報を容

易に得られるように，必要な措置を講ずるよう努めなければならない．」

このような規定はあるが，往々にして情報は誇大になりかねない．そこで，同法第179条では誇大な広告を禁止する規定がある．

サービスを利用する人たちは，決して十分な理解力をもった人ばかりではない．視覚や聴覚にハンディをもつ人もいる．サービスを提供する側は，正確な情報をしっかりと利用者に説明しなければならない．いわば，説明責任（インフォームド・コンセント）が提供者側にある．この点についても同法第76条で次のように説明義務が求められている．

「第76条　社会福祉事業の経営者は，その提供する福祉サービスの利用を希望する者からの申込みがあった場合には，その者に対し，当該福祉サービスを利用するための契約の内容及びその履行に関する事項について説明するよう努めなければならない．」

そして，情報提供もできるかぎりたくさんの市民が目にできる方法にすることが大切である．市（区）役所，保健所においても高齢者，児童，母子（父子），障がい者に対する保健福祉サービスが実施されている．行政が実施するサービス内容を市民にわかりやすく情報提供することやその充実が求められる．ホームページの充実や市民が利用する公共施設などにおいて保健福祉サービスの情報が入手しやすいような条件整備がますます必要である．

また，各サービス提供事業者が発行するパンフレットも情報提供の媒体である．しかし，誤解を招く表現や不明確な表現があり，市民にとってわかりにくいパンフレットがあることが指摘されている．トラブル防止のためにも，より適切な選択ができるように正確な情報提供が求められている．

2　第三者評価

第三者評価には2つの目的がある．ひとつは，利用者へのサービスの質の向上とその担保である．サービスを選択する時代となり，選択される事業者となるようにする責務がサービス提供者側にある．もうひとつは，評価結果の公表でサービスを利用しようとする市民がサービスを選択する際の参考に

表8-1　日常生活自立支援事業

日常生活自立支援事業とは，認知症高齢者，知的障害者，精神障害者等のうち判断能力が不十分な方が地域において自立した生活が送れるよう，利用者との契約に基づき，福祉サービスの利用援助等を行うものです．

実施主体
都道府県・指定都市社会福祉協議会（窓口業務等は市町村の社会福祉協議会等で実施）

対象者
本事業の対象者は，次のいずれにも該当する方です．
判断能力が不十分な方（認知症高齢者，知的障害者，精神障害者等であって，日常生活を営むのに必要なサービスを利用するための情報の入手，理解，判断，意思表示を本人のみでは適切に行うことが困難な方）
本事業の契約の内容について判断し得る能力を有していると認められる方

援助の内容
本事業に基づく援助の内容は，次に掲げるものを基準とします．
福祉サービスの利用援助
苦情解決制度の利用援助
住宅改造，居住家屋の貸借，日常生活上の消費契約及び住民票の届出等の行政手続に関する援助等
上記に伴う援助の内容は，次に掲げるものを基準とします．
預金の払い戻し，預金の解約，預金の預け入れの手続等利用者の日常生活費の管理（日常的金銭管理）
定期的な訪問による生活変化の察知

手続きの流れ
利用希望者は，実施主体に対して申請（相談）を行います．
実施主体は，利用希望者の生活状況や希望する援助内容を確認するとともに，本事業の契約の内容について判断し得る能力の判定を行います．
実施主体は，利用希望者が本事業の対象者の要件に該当すると判断した場合には，利用希望者の意向を確認しつつ，援助内容や実施頻度等の具体的な支援を決める「支援計画」を策定し，契約が締結されます．なお，支援計画は，利用者の必要とする援助内容や判断能力の変化等利用者の状況を踏まえ，定期的に見直されます．
※契約内容や本人の判断能力等の確認を行う「契約締結審査会」及び適正な運営を確保するための監督を行う第三者的機関である「運営適正化委員会」を設置することにより，契約による事業の信頼性や的確性を高め，利用者が安心して利用できる仕組みとなっています．

利用料
実施主体が定める利用料を利用者が負担します．

(参考) 実施主体が設定している訪問1回あたり利用料　平均1,200円
ただし，契約締結前の初期相談等に係る経費や生活保護受給世帯の利用料については，無料となっています．
※本事業の利用に関するご相談等は，お住まいの市町村の社会福祉協議会でお受けしております．

(出所：厚生労働省のHPより)

できる点である．

　社会福祉法人や地方自治体ばかりでなく，福祉系企業もサービスの実施者であることから，サービスの質の担保は不可欠である．社会福祉法では，サービスの「適正な実施の確保」(第1条) が目的とされている．中立，公正な立場の第三者によってサービス評価をすることが必要である．

　第三者評価は，「社会福祉法」第78条 (福祉サービスの質の向上のための措置等) にもとづき，「福祉サービス第三者評価事業に関する指針について」(厚生労働省2004 (平成16) 年) により実施されている．そして，第三者評価事業の結果は，報告書や施設のホームページで公表され，サービスの質を確認できるようになっている．

　2011 (平成23) 年7月に厚生労働省は「社会的養護の課題と将来像」を発表した．そして，「社会的養護関係施設における第三者評価及び自己評価の実施について」(2012 (平成24) 年3月) が発表され，3年に1回以上の審査と評価結果の公表が義務づけられた．社会的養護関連施設とは，児童養護施設，乳児院，情緒障害児短期治療施設，児童自立支援施設，母子生活支援施設の5種類の児童福祉施設のことである．

　第三者の評価基準には，たとえば①福祉サービス提供や理念や基本方針が明示されている，②サービス提供組織の運営において，組織の職制や職務分業を明確にしている，③職員の資質向上に関して目標を設定している，④利用者の希望に沿った生活の実現に配慮がなされているなど，運用面，処遇面にわたって幅広い評価項目がある．

第 2 節　利用者の権利擁護と苦情解決

1　利用者の権利擁護

　サービス利用者の権利を支援し，代弁，弁護する活動が権利擁護である．法律では，「児童虐待の防止等に関する法律」(2000（平成 12）年 11 月施行)，「高齢者虐待の防止，高齢者の養護者に対する支援等に関する法律」(2006（平成 18）年 4 月施行)，「障害者虐待の防止，障害者の養護者に対する支援等に関する法律」(2012（平成 24）年 10 月施行）において，とくに虐待防止と禁止を明記し，社会的にマイノリティの人たちの権利擁護を明記している．高齢者，児童，障がい者等サービス利用者がサービス自体を選択し，決定することができないケースがある．判断能力が低下している人たちにとっては，サービス自体の内容が把握できない人もいるであろう．

　そのような人たちの権利を擁護する仕組みがある．成年後見制度と日常生活自立支援事業である．

　成年後見制度は，判断能力が十分でない人（認知症高齢者，知的障がい，精神障がいの人たち）の権利を保護するための制度である．本人たちが不利益を被らないように家庭裁判所に申し立てを行い，後見人をつける制度である．

　判断能力の不十分な人は，福祉サービスの契約や財産管理，遺産分割のような法律行為を行うことが困難である．本制度は，このような判断能力の不十分な人を保護・支援するため，法的に権限を与えられた者が本人を支援するアドボカシーのひとつといえる．本制度には，すでに判断能力が不十分な状態にある者を保護・支援する法定後見制度と判断能力が十分な状態にある者が将来に備えて利用する任意後見制度とがある．

　日常生活自立支援事業も判断能力が十分でないケースに福祉サービスの利用援助などを行うことで地域において自立した生活をおくれるように支援することを目的としている．本事業の概要は表 8 − 1 の通りである．

また，わが国では「児童の権利に関する条約」を 1994（平成 6）年に批准した．とくに児童養護施設で生活する子どもたちの権利を守るために「子どもの権利ノート」が作成されている．この「子どもの権利ノート」は，施設で生活する子どもたちに配布されている．内容は，「ないしょにしたいことはまもられます」，「ぶたれたり，いじめられたり，いやだと思うことはされません」などをわかりやすく紹介している．そして，担当の児童相談所や児童福祉司が記入され，万が一の際に子どもが相談できる連絡先（複数）や連絡方法も紹介されている．

2　苦情解決

実際にサービスを利用していく際には，サービス提供自体への苦情が生じてくる場合もある．社会福祉法第 82 条では，社会福祉事業の経営者による苦情の解決について，次のような規定がなされている．

「第 82 条　社会福祉事業の経営者は，常に，その提供する福祉サービスについて，利用者等からの苦情の適切な解決に努めなければならない．」

そして，「社会福祉事業の経営者による福祉サービスに関する苦情解決の仕組みの指針について」（厚生省，2000（平成 12）年）は，この第 82 条の規定により発表されたもので，苦情解決の体制や利用などの指針が紹介されている．

苦情解決のためには，次の 3 者が選任される．

① 苦情解決責任者（施設長や理事）——苦情解決における責任者
② 苦情受付担当者（当該事業所職員）——苦情の受付，記録や苦情解決責任者への報告など
③ 苦情受付第三者委員（社会福祉士，民生委員，弁護士など）・・職員である苦情受付担当者へは言いにくい場合もあるため，第三者が苦情受付担当者となる．

しかし，事業所内では苦情解決が困難な場合は，運営適正化委員会が解決のはたらきをする．利用者自身がサービス事業者に直接苦情を言いにくい場

合も，各都道府県の社会福祉協議会に設置されている運営適正化委員会に申し出ることができる．このことも本法第 85 条において次のように規定されている．

「第 85 条　運営適正化委員会は，福祉サービスに関する苦情について解決の申出があったときは，その相談に応じ，申出人に必要な助言をし，当該苦情に係る事情を調査するものとする．

2　運営適正化委員会は，前項の申出人及び当該申出人に対し福祉サービスを提供した者の同意を得て，苦情の解決のあっせんを行うことができる．」

そして，利用者の処遇に対し，不当な行為（権利侵害）があったときは，都道府県知事へすみやかに通知しなければならないとされている（本法第 86 条）．

以上のように，福祉を利用する人たちは，自らの権利を主張することが不得手である．子ども，障がいをもつ人，認知症の人たちが社会生活をおくっていく上で，権利侵害されないような仕組みがあるが，実際に有効に活用されていくようにすることが課題である．

そして，サービス提供者側は，権利を侵害されやすい立場の人たちに対して，アドボカシーの視点をしっかりと堅持し，苦情等についても誠実に対応していかなければならない．

参考文献
高山直樹・川村隆彦・大石剛一郎編著『権利擁護』中央法規出版，2001 年．
社会福祉学習双書編集委員会編『社会福祉概論 II』全国社会福祉協議会，2018 年．
橋本好市・宮田徹編『保育と社会福祉（第 2 版）』みらい，2015 年．

第9章　児童家庭福祉

第 1 節　児童家庭福祉とは

　「児童家庭福祉」という用語が，わが国の児童福祉の再構築の方向性を示すものとして，しばしば用いられるようになったのは，1980 年代に入ってからである．この現象は，1975（昭和 50）年以降のわが国における少子化傾向が，大きな社会問題としてその対策が注目されるようになってきたことによる．特に合計特殊出生率が 1.57 を示した（「1.57 ショック」と表現されている）1989（平成元）年以降，本格的に少子化対策が次々と打ち出されてきた．そして，その対策の根本には，「児童の健康な出生や健全な育成のために，健康で文化的な家庭機能が不可欠である．それを家庭のみに求めることは，核家族化の進行や地域社会との結びつきが希薄化している社会的背景からみて困難である．したがって，出生と児童育成の第一義的な場所である「家庭」を，社会が積極的に支援していくことが欠かせない．」という認識がある．

　加えて，同時期の 1988（昭和 63）年に，児童の健全な育成に中心的な責任をもつ保護者に対し，国が適当な援助を与えるべきことを明記した「児童の権利に関する条約」が国連において成立したことも，児童福祉に「家庭」を視野に入れた施策が求められるようになった要因である．

　これらの考えは，第 2 次世界大戦後の 1947（昭和 22）年に制定された児童福祉法が，保護を必要とする児童だけではなく，すべての児童を対象としており，児童の健康な出生と健全な育成は，保護者とともに社会全体の努力義務であり，また児童の健全育成は，国・地方公共団体の責務であるとして

いる点で，児童福祉法の理念そのものである．

つまり「児童家庭福祉」とは，わが国の児童福祉が，戦後処理の「児童保護」を中心とした施策にみられるように，家庭機能の代替・補完施策に偏って，健康で文化的な家庭機能を阻害している問題を予防するということにあまり関心をもってこなかったことを認識し，児童福祉法の理念にあるように，児童と児童育成の第一義的な場所である家庭の問題について，すべての児童と家庭を対象として積極的に社会全体が支援を行う施策を求めたものである．

第 2 節　児童家庭福祉の制度

福祉サービスは，国の最高法規である日本国憲法を基本として，関連する各種の法律，政令，通達等に基づいて制度化され，総合的・体系的に推進されている．児童家庭福祉に関係する主な法律としては，児童福祉6法といわれる「児童福祉法」，「児童扶養手当法」，「特別児童扶養手当等の支給に関する法律」，「母子及び父子並びに寡婦福祉法」，「母子保健法」，「児童手当法」の他に，「児童買春，児童ポルノに係る行為等の処罰及び児童の保護等に関する法律」，「児童虐待の防止等に関する法律」，「子ども・子育て支援法」等がある．

1　児童福祉法

日本国憲法制定直後の 1947（昭和 22）年に制定された児童家庭福祉の基本法である．憲法第 25 条の生存権の保障と第 14 条の平等権の保障を踏まえ，第 1 条では「①すべて国民は児童が心身ともに健やかに生まれ，且つ，育成されるよう努めなければならない．②すべて児童は，ひとしくその生活を保障され愛護されなければならない」と児童福祉の理念が示されている．第 2 条においては「国及び地方公共団体は，児童の保護者とともに，児童を心身ともに健やかに育成する責任を負う」と原理が示され，第 3 条において「前 2 条に規定するところは，児童福祉を保障するための原理であり，この原理

は，すべて児童に関する法令の施行にあたって，常に尊重されなければならない」と第1条と第2条が児童の福祉の原理であることを示している．つまりこの原理をもとにわが国の児童家庭福祉サービスが制度化され，実施されるべきであることが示されている．

2 児童扶養手当法

児童扶養手当給付制度の根拠法である．1961（昭和36）年に制定された当初は，母子家庭のみ給付の対象としていたが，2010（平成22）年の改正によって支給対象が父子家庭にも拡大された．本法の目的は，第1条において「父又は母と生計を同じくしていない児童が育成される家庭の生活の安定と自立の促進に寄与するため，当該児童について児童扶養手当を支給し，もって児童の福祉の増進を図ること」にあるということが示されている．支給要件は，父母が婚姻を解消した児童，父もしくは母が死亡した児童，父もしくは母が障害の状態にある児童などを監護または養育する母もしくは父などに対して支給される．

3 特別児童扶養手当法等の支給に関する法律

特別児童扶養手当給付制度の根拠法である．1964（昭和39）年に制定された「重度精神薄弱児扶養手当法」が母体となっている．1974（昭和49）年に現行名称になり，今日まで多くの改正が行われてきている．本法の目的は，第1条において「精神又は身体に障害を有する児童について特別児童扶養手当を支給し，精神又は身体に重度の障害を有する児童に障害児福祉手当を支給するとともに，精神又は身体に著しく重度の障害を有する者に特別障害者手当を支給することにより，これらの者の福祉の増進を図ること」にあるということが示されている．この法律でいう精神又は身体に障害を有する児童とは精神又は身体に障害を有する20歳未満の者をいう．

4　母子及び父子並びに寡婦福祉法

　母子・父子家庭及び寡婦に対する福祉制度の根拠法である．1964（昭和39）年に「母子福祉法」として制定された．この法律でいう児童とは20歳未満の者をいう．1994（平成6）年に母子家庭のほか，寡婦（配偶者のない女子であって，かつて母子家庭の母であった者）が支援対象に加えられ，さらに2003（平成15）年に父子家庭も支援対象に追加となり，2014（平成26）年に現行名称になった．本法の目的は，第1条において「母子家庭等及び寡婦の福祉に関する原理を明らかにするとともに，母子家庭等及び寡婦に対し，その生活の安定と向上のために必要な措置を講じ，もつて母子家庭等及び寡婦の福祉を図ること」にあるということが示されている．

5　母子保健法

　妊産婦と乳幼児の健康を守るための福祉制度の根拠法である．この法律は，1965（昭和40）年に制定された．本法の目的は，第1条において「母性並びに乳児及び幼児の健康の保持及び増進を図るため，母子保健に関する原理を明らかにするとともに，母性並びに乳児及び幼児に対する保健指導，健康診査，医療その他の措置を講じ，もつて国民保健の向上に寄与すること」にあるということが示されている．

　本法に基づいた主な制度として，母子健康手帳制度（「妊娠届」によって母子健康手帳の交付を市町村に義務付けた）や健康診査制度（満1歳6か月を超え満2歳に達しない幼児と満3歳を超え満4歳に達しない幼児に健康診査の実施を市町村に義務付けた）がある．

6　児童手当法

　児童手当給付制度の根拠法である．この法律は，1971（昭和46）年に制定された．本法の目的は，第1条において「父母その他の保護者が子育てについての第一義的責任を有するという基本的認識の下に，児童を養育している

者に児童手当を支給することにより，家庭等における生活の安定に寄与するとともに，次代の社会を担う児童の健やかな成長に資すること」にあるということが示されている．この手当は，15歳に達する日以後の最初の3月31日までの間にある児童を監護し，かつ，これと生計を同じくするその父または母などに支給される．

7 児童買春，児童ポルノに係る行為等の処罰及び児童の保護等に関する法律

児童買春・児童ポルノ行為を受けた児童における保護制度の根拠法である．この法律は，1999（平成11）年に制定された．本法の目的は，第1条において「児童に対する性的搾取及び性的虐待が児童の権利を著しく侵害することの重大性にかんがみ，あわせて児童の権利の擁護に関する国際的動向を踏まえ，児童買春，児童ポルノに係る行為等を処罰するとともに，これらの行為等により心身に有害な影響を受けた児童の保護のための措置等を定めることにより，児童の権利を擁護すること」にあるということが示されている．

8 児童虐待の防止等に関する法律

児童虐待の予防及び被虐待児の保護並びに自立支援制度の根拠法である．この法律は，2000（平成12）年に制定された．本法の目的は，第1条において「児童虐待が児童の人権を著しく侵害し，その心身の成長及び人格の形成に重大な影響を与えるとともに，我が国における将来の世代の育成にも懸念を及ぼすことにかんがみ，児童に対する虐待の禁止，児童虐待の予防及び早期発見その他の児童虐待の防止に関する国及び地方公共団体の責務，児童虐待を受けた児童の保護及び自立の支援のための措置等を定めることにより，児童虐待の防止等に関する施策を促進し，もって児童の権利利益の擁護に資すること」にあるということが示されている．

9　子ども・子育て支援法

　2012（平成24）年に制定された．本法の目的は，第1条において「我が国における急速な少子化の進行並びに家庭及び地域を取り巻く環境の変化に鑑み，児童福祉法その他の子どもに関する法律による施策と相まって，子ども・子育て支援給付その他の子ども及び子どもを養育している者に必要な支援を行い，もって一人一人の子どもが健やかに成長することができる社会の実現に寄与すること」にあるということが示されている．

　また，同時期に制定された「認定こども園法の一部改正」，「子ども・子育て支援法及び認定こども園法の一部改正法の施行に伴う関係法律の整備等に関する法律」と合わせて「子ども・子育て関連3法」といわれ，2015（平成27）年4月からが本格施行である．これら3法に基づく制度は「子ども・子育て支援新制度」といわれ「すべての子どもの良質な成育環境を保障し，子ども・子育て家庭を社会全体で支援することを目的として，子ども・子育て支援関連の制度，財源を一元化して新しい仕組みを構築し，質の高い学校教育・保育の一体的な提供，保育の量的拡充，家庭における養育支援の充実を図る」ことを趣旨としている制度である．

　具体的には主として①「施設型給付（認定こども園，幼稚園，保育所を通じた共通の給付）」及び「地域型保育給付（小規模保育等への給付）」の創設，②認定こども園制度の改善（幼保連携型認定こども園について，認可・指導監督を一本化し，学校及び児童福祉施設として法的に位置づける），③「地域の実情に応じた子ども・子育て支援（利用者支援，地域子育て支援拠点，放課後児童クラブなどの「地域子ども・子育て支援事業」）」の充実，これらを市町村が実施主体となって，地域のニーズに基づき計画を策定，給付・事業を実施するものである．

第 3 節　児童家庭福祉の課題

　1989（平成元）年に合計特殊出生率が1.57を示したことを契機とし，それ以降，少子化対策が本格的に政策課題として取り上げられるようになった．主な対策は次のとおりである．1994（平成6）年12月に「今後の子育て支援のための施策の基本的方向について」（エンゼルプラン），1999（平成11）年12月にエンゼルプラン等を見直した「重点的に推進すべき少子化対策の具体的実施計画について」（新エンゼルプラン），2002（平成14）年9月には「少子化対策プラスワン」が策定された．そして，2003（平成15）年7月には，次世代育成支援対策を迅速かつ重点的に推進させるため，対策の基本理念や地方公共団体・事業主に対して行動計画の策定等を定めた「次世代育成支援対策推進法」及び少子化社会において講じられる施策の基本理念と少子化に対処するために講ずべき施策の基本となる事項等を定めた「少子化社会対策基本法」が制定された．さらに，2004（平成16）年6月には「少子化社会対策大綱」と「少子化社会対策大綱に基づく具体的実施計画」（子ども・子育て応援プラン）が策定されたが，2010（平成22）年1月にはそれらを見直し，社会全体で子どもと子育てを応援する社会の実現を目指した「子ども・子育てビジョン」が策定された．このように数々の少子化対策に取り組んできてはいるが，依然として合計特殊出生率は，人口置換水準まで回復しておらず（2013（平成25）年は1.43），少子化が進展している．

　また，児童虐待における児童相談所の相談対応件数も年々増加し，2013（平成25）年には6万人を超え，さらに学校において「いじめ」の深刻化や「暴力行為」の多発，「不登校」児童生徒数の増加等の問題が顕在化していることなどからも，子育て環境改善のための支援の不十分さがうかがえる．国は新たに「子ども・子育て関連3法」に基づく「子ども・子育て新制度（2015（平成27）年4月本格実施）」を策定して，この閉塞状況の打開を図っている．この「子ども・子育て新制度」は，すべての児童や家庭を対象とし

たシステムであり，児童家庭福祉の理念にそったものであるが，実行のための財源確保は，消費税率の引き上げによる国及び地方の恒久財源の確保が前提となっているだけに，景気変動に左右され易く不安定なものである．子育てに関しては，長期にゆるがない持続可能な支援が求められ，安定した財源確保が課題となる．また，保育機能の質の向上と保育ニーズの充足を目指した「幼保連携型認定子ども園制度」も幼稚園や保育所における関係団体の思惑や保育者の資格（「幼稚園教諭免許状」と「保育士資格」の両方を持つ者となっている．「保育教諭」が名称である）等の関係で，どの程度幼稚園や保育所から移行してくるか不透明である．分け隔てなく利用できる乳幼児の保育・教育施設として，移行を原則義務づけたり，重複内容が多いといわれる養成課程の整理・統合や免許法等の改正をしたりなどして，「幼保一元化」の実現に向けて実行ある制度にしていくことも課題となる．

なお，文部科学省においては，1995（平成7）年9月からスクールカウンセラー制度を設けたり，2008（平成20）年からスクールソーシャルワーカー活用事業に対する補助金制度を設けたりして，「いじめ」や「暴力行為」，「不登校」などの防止対策の柱のひとつとしている．一定の成果は得ているものの，配置・派遣の拡大に伴い，資質が高く経験豊富なスクールカウンセラーやスクールソーシャルワーカーが不足しているなどの問題が指摘されている．非常勤という不安定な身分や，スクールカウンセラーの1校当たり勤務時間数が週4～8時間程度に限定されていることなどの現行制度を見直し，資質が高く経験豊富なスクールカウンセラーやスクールソーシャルワーカーが確保できる制度へと改善していくことも子育て環境改善のための今後の課題といえる．

出生数の減少は，妊娠期も含めて子育てへの支援だけでは防げない．職場でのストレスが原因とされる自殺者の増加やワーキングプアと呼ばれる働く貧困者が増加していることが社会的話題となっている状況の中で，子どもの人生が将来幸せなものになるという確信が持てない親が，出産に躊躇していることも大きな要因である．さらに，親の経済的心理的不安定が児童虐待の

原因にもつながっている．所得の再分配を見直し，児童期の支援だけでなく，生涯を通した安心・安全を手厚く保障する制度の構築も児童家庭福祉につながる大きな課題といえる．

参考文献
井村圭壯・相澤讓治編著『社会福祉分析論（第3版）』学文社，2011年．
厚生労働省編『厚生労働白書（平成25年度版）』日経印刷，2013年．
佐々木政人・澁谷昌史編著『子ども家庭福祉』光生館，2011年．
内閣府編『子ども・若者白書（平成26年度版）』日経印刷，2014年．
吉田眞理『児童家庭福祉　児童の福祉を支える』萌文書林，2010年．
文部科学省初等中等教育局児童生徒課編『平成24年度スクールソーシャルワーカー実践活動事例集』2010年．

第 10 章　高齢者保健福祉

第 1 節　高齢者保健福祉とは

　現在，わが国は国民の 4 人に 1 人が 65 歳以上という超高齢社会を迎えている．今後，日本は，急激なスピードで高齢者人口が増加し，2050 年 には 3 人に 1 人が 65 歳以上になることが推計されている．

　1963（昭和 38）年に制定された「老人福祉法」により，高齢者福祉施設や在宅福祉サービスなどわが国の老人福祉対策が本格的に取り組まれるようになった．その上，1982（昭和 57）年に「老人保健法」が制定され，老人医療制度の安定化と 40 歳以上の国民の健康管理などを図る保健事業が整備された．更にこれらの法整備以前，1958（昭和 33）年に「国民年金」が制定され，厚生年金保険とともに老後の所得保障の体系が整備された．

　1988（昭和 63）年には，「高齢者保健福祉 10 か年戦略」（ゴールドプラン）が策定された．ここでは，在宅福祉対策の緊急整備，施設対策の充実，「寝たきり老人ゼロ作戦」などの総合的な対策が確立された．この中では，特に高齢者自身の希望やニーズに沿った在宅ケアに重点が置かれるようになった．1990（平成 2）年に福祉関係 8 法改正が行われ，在宅福祉サービスの積極的推進，市町村中心の施設サービスの実施とともに，市区町村・都道府県における老人保健福祉計画の作成が義務づけられた．1994（平成 6）年 2 月，政府は地方自治体の老人保健福祉計画の目標量の全国集計をふまえ，新しい枠組みとして従来のゴールドプランを見直し，「新ゴールドプラン」を策定した．そして，1999（平成 11）年の「ゴールドプラン 21」では，介護サービス基盤の整備を行うとともに，介護予防，生活支援などを推進していった．

2000（平成 12）年に「介護保険法」が施行され，自立支援，利用者本位（個人の尊厳），社会連帯の理念をかかげた．

「介護保険法」に基づくサービスを利用するためには，あらかじめ介護の必要性や必要量についての認定（要介護認定）を受ける必要がある．その業務は市町村が行うこととなった．

第 2 節　高齢者保健福祉の制度

1　高齢者保健福祉制度・施策の体系

1995（平成 7）年，高齢社会に対応して国民生活の安定向上を図るために「高齢社会対策基本法」が制定（1999（平成 11）年改正）された．この法律では，高齢化の進展に適切に対処するための施策に関し，以下のように基本理念を定めた．①国民が生涯にわたって就業その他の多様な社会的活動に参加する機会が公正で活力ある社会の構築，②国民が生涯にわたって社会を構築する重要な一員として尊重され，地域社会が自立と連帯の精神に立脚し形成される社会の構築，③国民が生涯にわたって健やかで充実した生活を営むことができる豊かな社会の構築である．

国はこの基本理念に基づいて，高齢社会対策を総合的に策定し，実施する責務を有することとした．また，地方公共団体は，この基本理念にのっとり，高齢社会対策に関し，国と協力しつつ，当該地域の社会的，経済的状況に応じた施策を策定し，実施する責務を有することとした．

さらに，「高齢社会対策基本法」を推進する機関として，高齢社会対策会議を発足させた．この会議では，「高齢社会対策大綱」の案を作成し，高齢社会対策について必要な関係行政機関の相互調整をすることとなっている．

政府は，1996（平成 8）年，「高齢社会対策基本法」を具体的に実現するために，前述の「高齢社会対策大綱」を策定して，総合的な高齢社会対策を推進することとなった．これは「高齢社会対策基本法」の基本理念に基づき，

「就業・所得」「健康・福祉」「学習・社会参加」「生活環境」「調査研究等」の5分野にわたり提言を行った．

この「高齢社会対策基本法」の目的は次のとおりである．それは，国民一人ひとりが長生きしてよかったと実感できる，心の通い合う連帯の精神に満ちた，豊かで活力のある社会を早急に築けるよう，経済社会の健全な発展と国民生活の安定向上を図るために高齢社会対策の指針となることである．

2001（平成13）年，高齢社会対策の推進の基本的なあり方に関する有識者会議の報告書をふまえ，大綱を見直した．さらに大綱制定から10年が経過した2012（平成24）年，新たな大綱が策定された．この2012年の大綱では，高齢社会対策の推進に当たっての基本的考え方を明確にし，分野別の基本的施策の展開が図られた．

2　介護保険制度

介護保険制度は，2000（平成12）年4月から実施されている．新たな社会保険である介護保険制度には，措置制度から利用契約制度への変更，ケアマネジメントの導入，民間事業者の参入拡大などの特徴がある．

この新制度創設の背景には，核家族化により要介護老人を嫁ひとりが世話をしなければいけない状況や，独居高齢者で介護する親族が近隣にいないなど，家族や親族の介護力の低下があげられる．

介護保険からの給付は，65歳以上の第1号被保険者は要介護状態または要支援状態と判断された場合と，40歳以上65歳未満の第2号被保険者は老化に起因する特定疾病に罹患し，要介護状態または要支援状態にあると判断された場合におこなわれる．また，要介護状態は要介護1から5段階，要支援状態は1から2段階に区分される．なお，利用手続きについては図10-1のとおりである．

（1）予防重視型システムへの転換

制度が始まってからの3年間が経過した2003（平成15）年3月末で，被

第10章 高齢者保健福祉

図10-1 介護サービスの利用手続き

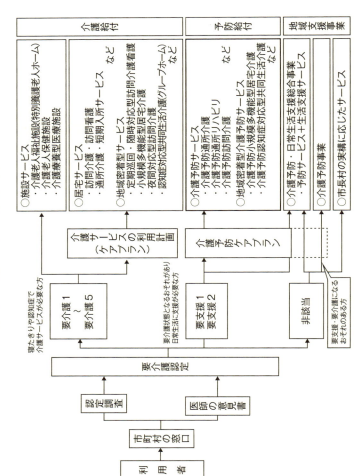

(出所:厚生労働統計協会編『国民の福祉と介護の動向 2013/2014』2013年, p.132を参考に作成)

保険者は 2165 万人から 2393 万人と 10.5％しか増加していない．しかし，要介護認定者は 218.2 万人から 344.4 万人へと 57.8％も増加した．その結果，この間の介護予防サービスが十分な効果をあげてこなかったことが反省され，介護保険制度を予防重視型システムへと転換すべきことが強く指摘された．

（2）地域で支える介護

高齢者が住みなれた地域に暮らし続けられ，地域において包括的・継続的な介護を受けることができるよう，地域で支える介護を目指した．その主要な内容は以下のとおりである．

①地域支援事業の創設

市町村が実施主体となって，介護予防事業，包括的支援事業（介護予防ケアマネジメント業務，総合相談支援事業，権利擁護業務，包括的・継続的ケアマネジメント支援業務）などを実施する．

②地域における介護の課題

医療ニーズの高い高齢者や重度の要介護者の介護の課題として，自宅での生活をあきらめざるを得ない，あるいは介護家族の負担も重く，地域でも適切に支えられないことがあげられる．

3　地域支援事業

地域支援事業は，被保険者が要支援・要介護状態になることを予防するとともに，要介護状態となった場合にも，可能な限り，地域において自立した日常生活を営むことができるように支援することを目的とする事業で，2005（平成17）年の法改正により創設された．

市町村が実施する地域支援事業は，次の5つになる．

①介護予防事業

介護予防事業は，一次予防事業と二次予防事業からなる．一次予防事業は，すべての高齢者を対象として，介護予防情報の提供やボランティア活動等を活用した介護予防活動である．また，二次予防事業は，地域における要介

状態等となるおそれの高い高齢者（二次予防事業の対象者）把握のための事業である．

②包括的支援事業

包括的支援事業は次の4つから成り立っている．

（1）介護予防ケアマネジメント業務
（2）総合相談支援事業
（3）権利擁護業務
（4）包括的・継続的ケアマネジメント支援業務

③市町村の判断により実施する事業

この事業は2012（平成24）年4月の制度改正によって新たに追加されたもので，次の3つの事業につき一括して行うとされている

（1）要支援者に対して介護予防サービスまたは地域密着型介護予防サービスのうち市町村が定めるもの（すでに受けているものと同じ種類の介護予防サービス等を除く）等を実施する事業．
（2）第1号被保険者および要支援者である第2号被保険者の地域での自立した日常生活の支援のための事業であって，介護予防事業および前記と一体的に行われる場合に効果があるとして厚生労働省令で定める配食や見守り等の事業．

④その他の任意事業

前記以外に市町村は，任意事業として介護給付等費用適正化事業や家族介護支援事業などを行うことができる．

⑤介護予防・日常生活支援総合事業

この事業は，市町村が，介護予防および日常生活支援のための施策を総合的かつ一体的に行えるよう，2012（平成24）年4月の制度改正において制度化された事業で，次の業務のすべてを一括して総合的に実施する事業である．

（1）介護予防事業
（2）包括的支援事業のうち，介護予防ケアマネジメント業務
（3）「市町村の判断により実施する事業」の3つの事業

地域支援事業は，地域の高齢者が要支援・要介護状態にならないように介護予防の取り組みを推進するのと同時に，各地域の包括的支援・継続的マネジメント機能の強化の視点から2005（平成17）年に制定された（施行は18年度から）．各市町村は，介護予防事業と包括的支援事業の取り組みが義務化されている．

地域支援事業は市町村が実施するもので，全市町村が必ず実施する必須事業として介護予防事業と包括的支援事業があるほか，任意に実施する事業任意事業がある．

介護予防事業には，全高齢者を対象とする一次予防事業と，要支援・要介護状態はないが，その恐れがあると考えられる高齢者を対象とする二次予防事業がある．なお，介護保険による保険給付は三次予防に位置づけられている．

包括的支援事業としては，①介護予防ケアマネジメント業務，②総合相談支援業務，③権利擁護業務，④包括的・継続的ケアマネジメント支援業務がある．

さらに，2011（平成23）年の法改正により，介護予防・日常生活支援総合事業が，地域支援事業の一類型として創設された．この地域支援事業の目的は，高齢者が要介護状態となることを予防するとともに，要介護状態となっても，可能な限り地域で自立した日常生活を営むことができるように，地域において包括的・継続的に支援していくところにある．

さらに2011（平成23）年の介護保険の改正により，各市町村の判断により行う介護予防・日常生活支援総合事業が加わった．

4 その他の制度

（1）日常生活自立支援事業と成年後見制度

「日常生活自立支援事業」（旧・地域福祉権利擁護事業）は，国庫補助により都道府県社会福祉協議会等が行う第二種社会福祉事業の福祉サービス利用援助事業と，その事業に従事するものの資質向上のための事業，福祉サービ

ス利用援助事業に関する普及及び啓発のための事業をいう．

　この日常生活自立支援事業では，都道府県社会福祉協議会または指定都市社会福祉協議会を実施主体としている．しかし，身近な相談援助活動の体制を確保するため，市町村社会福祉協議会や社会福祉法人等に事業の一部を委託している．

　日常生活自立支援事業は，認知症高齢者，知的障がい者，精神障がい者等のうち判断能力が不十分な人が地域において自立した生活を送ることができるように，利用者との契約に基づき，福祉サービスの利用援助等を行う．

　また，日常生活自立支援事業が適正に実施されるために，契約締結審査会と運営適正化委員会の2つの委員会が関与する．契約締結審査会は，法律専門家・医療専門家・福祉専門家，その他学識経験者等が委員となり，専門的な見地から審査を行う．運営適正化委員会は，社会福祉法第83条に基づき，都道府県の区域内において，福祉サービス利用援助事業の適正な運営を確保するとともに，福祉サービスに関する利用者等からの苦情を解決するために置かれる．

　「成年後見制度」は，判断能力の不十分な成年者を保護するための制度として2000（平成12）年4月1日から施行された．

　成年後見制度には，「法定後見制度」と「任意後見制度」の2つがある．法定後見制度は，判断能力など本人の事情に応じて後見，保佐，補助の3つに支援内容が分けられている．この制度では，家庭裁判所から選ばれた成年後見人・保佐人・補助人が，本人を代理して契約などの法律行為を行うなど，本人を保護し，支援する制度である．

　「補助」の制度は，軽度の精神上の障がい（認知症高齢者・知的障がい者・精神障がい者等）により判断能力が不十分な人を対象として，家庭裁判所が「補助人」を選任し，当事者が申し立てにより選択した「特定の法律行為」について，代理権や同意権・取消権を付与することにより支援を行う．

　「保佐」の制度は，精神上の障害により判断能力が著しく不十分な人を対象として，家庭裁判所が「保佐人」を選任し，民法第13条第1項所定の行

為について，同意権や取消権，当事者の申し立てによる「特定の法律行為」について，代理権を付与することにより支援を行うものである．

「後見」の制度は，精神上の障害により判断能力を欠く状況にある人を対象として，家庭裁判所が「成年後見人」を選任し，広範囲の代理権と取消権を付与しそれを行使することで支援を行う．

任意後見制度は，本人が不十分な判断能力があるうちに，前もって自分で代理人を選んでおく．判断能力が不十分になった場合に，選んでおいた代理人である任意後見人が自分の生活，財産管理に関する事務を行う．任意後見制度では，公証人の作成する公正証書にて契約を結んでおく．なお，任意後見人が適切に保護・支援するためのしくみとして，家庭裁判所が選任した任意後見監督人が任意後見人を監督するようになっている．

（2）高齢者虐待防止法

2005（平成17）年に，「高齢者虐待の防止，高齢者の養護者に対する支援等に関する法律」（高齢者虐待防止法）が成立した．この法律は，高齢者の権利利益の擁護に資することを目的としている．

「高齢者虐待防止法」では，高齢者を65歳以上の者と定義している．高齢者虐待を養護者による高齢者虐待，養介護施設従事者等による高齢者虐待に分類している．また，虐待行為を次のように定義している．

養護者による高齢者虐待とは，養護者が養護する高齢者に対して行う以下5つの行為である．その5つとは，①身体虐待，②介護・世話の放棄・放任（ネグレクト），③心理的虐待，④性的虐待，⑤経済的虐待である．

この法律では，虐待の通報義務や通報を受けた後の高齢者の保護，立ち入り調査，警察署長に対する援助要請，養護者の支援などについて規定し，これらの対応は市町村が実施することとした．

第 3 節　高齢者保健福祉の課題

　要介護高齢者に対する介護問題は，喫緊の課題である．介護保険は，家族介護の限界を受けて創設され，在宅サービスを拡大した．しかし，要介護度が重くなると家族が同居していても在宅ケアが困難になることが多い．このままの状態を放置すると，高齢者の自己放任や社会的孤立，孤独死の増加が心配される．介護保険では，「介護の社会化」を目指していた．しかし，家族介護はなくならず，その介護家族を支援する必要性が語られるようになった．

　現在，特別養護老人ホーム利用者の要介護度は，介護保険導入時より重度化しており，多くの人に認知症や身体機能の低下がみられる．にもかかわらず高齢者サービスは，職員の数に限りがあり，利用者のニーズに十分応えきれず，介護職が燃え尽きてしまうこともある．

　そして，質の高い介護サービスが提供されていくためには，人の尊厳を擁護する専門職として，その力量を高める努力が求められる．そのためには，介護職の社会的評価の向上，それに見合う介護報酬の見直し等に努めていくことが必要である．

　また，団塊の世代が後期高齢者になる 2025 年までには，よりいっそう個人の尊厳が保障される個別ケアの徹底が求められる．また，地域包括システムが十分に機能し，誰もが質の高い生活を送れることができる地域社会にすることが重要であるといえる．

参考文献
社会福祉学習双書編集委員会編『老人福祉論』全国社会福祉協議会，2014 年．
大和田猛編『高齢者への支援と介護保険制度』みらい，2014 年．
厚生労働統計協会編『国民の福祉と介護の動向』厚生労働統計協会，2014 年．
鬼﨑信好『高齢者介護サービス論』中央法規，2014 年．
西尾祐吾『はじめて出会う社会福祉（増補）』相川書房，2008 年．

第 11 章　障がい者福祉

第 1 節　障がい者福祉とは

1　「障がい」の考え方

　「障がい」という言葉には，「害を与えるもの」「要らないもの」という意味があり，障がいのある人にマイナスのイメージがあるのではないだろうか．それは，歴史的にみても長きにわたり障がいのある人を社会から隔離してきたことからも明らかである．

　しかし現在では，障がいはひとつの個性であり，あるなしにかかわらずその人らしく社会生活を送ることができればよいとされてきている．「障がい」と一言でいってもその状態はさまざまであり誰一人同じではない．中にはその個性を活かし社会で活躍している人もいる．徐々にではあるが，従来の「障がい」に対するイメージは変わりつつあるといえよう．

2　障がい者福祉の基本理念

　近年，障がい福祉の分野では，目まぐるしく法制度が変わり，その都度どのように障がい者の生活を保障し，サービスを提供するのか目的や理念が定められている．ここで，まず障がい福祉の基本となる理念について触れておく．

（1）ノーマライゼーション（Normalization）

　障がい者福祉の最も重要な理念であり，社会福祉の根幹をなす理念のひと

つである.

　この理念は，デンマークにおいて知的障がいを持つ子どもの親の会が運動を始めたことに端を発し，それをバンク-ミケルセン（Bank - mikkelsen, N.E.）がまとめて国に要望書を提出し，「その国で障がいのない人が普通に生活している通常の状態と，障がいがある人の生活状態とを可能な限り同じにすること」を提唱した．その後この理念は，スウェーデンのニィリエ（Nirje,B.）や北米において，ヴォルフェンスベルガー（Wolfensberger,W.）により発展し，普及が図られた．日本においても，1981（昭和56）年の「国際障害者年」を契機に徐々に広がりをみせた．

（2）　インクルージョン（Inclusion）
　アメリカの障がい児教育分野で提唱された理念である．インテグレーションが「統合化」として，障がいのある人を分け隔てなく社会の仲間として受け入れる一方で，障がいのある人に社会に適応できるよう変化することも求めた．インクルージョンはその発展型として障がいをひとつの個性としてとらえ，すべての人が社会に包み込まれ，個々に必要な援助が保障された生活をしていくことを意味している．

（3）　リハビリテーション（Rehabilitation）
　リハビリテーションは，中途障がいを持つ人の身体の機能回復訓練ということだけではなく，本来のリハビリテーションには，「権利の回復」「全人間的復権」という意味があり，先天的に障がいを持つ人に対しての自己実現のアプローチをいう．

　リハビリテーションは，医療的，教育的，職業的，社会的な4つの領域の総合的な取り組みによりなされ，日々の基本的な生活動作としての日常生活動作（ADL：Activities of Daily Living）の自立から，生命・生活・人生の質（QOL：Quality of life）の向上を図り，本人の自己肯定感や自尊感情を高めていくことが大切である．

(4) 自立生活（IL：Independent Living）の理念

　北米を中心に自立生活運動より生まれた理念である．これまで「自立」とは，日常生活動作や手段的日常生活動作（IADL：Instrumental Activties of Daily Living）が独力ででき，経済的にも自立していることを意味していた．しかし，重度障害者にとっては，それは不可能なことであった．そこで日常生活に必要な支援を受けながら，自らの選択と決定により，生活を創造していく生活こそが自立した生活だとする新たな自立観を理念として提唱したのである．

第 2 節　障がい者福祉の制度

1　近年の障がい者福祉施策の流れ

　国際的にも障がいの概念はあいまいであったため，世界に共通する障がいの概念規定をつくろうと1980（昭和55）年にWHO（世界保健機構）が発表した国際障害分類（ICIDH：International Classification of Impairments, Disabilities, and Handicaps）がある．国際障害分類では，「病気／変調（Disease or Disorder）」によって起こる一次的障害として生物・医学レベルでの「機能・形態障害（Impairment）」があり，二次的障害として個人レベルでの「能力低下（Disability）」，さらに三次的障害として社会レベルでの「社会的不利（Handicap）」というとらえ方が示された．しかし，国際障害分類は「障がい」をマイナスのイメージとしてとらえていたり，環境との関連が大きいにもかかわらず配慮されていないなどの理由から，2001（平成13）年には国際障害分類は国際生活機能分類（ICF：International Classification of Functioning, Disability and Health）へと改訂された．

　国際生活機能分類においては，国際障害分類の「機能障害」「機能低下」「社会的不利」という名称が「心身機能・身体構造（Body functions & Structure）」「活動（Activity）」「参加（Participation）」に変更された．これ

図 11-1 国際障害分類(ICIDH)から国際生活機能分類(ICF)への改訂と構成要素間の相互作用

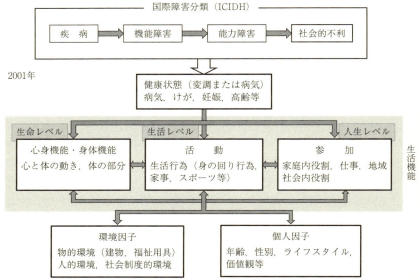

(出所：山縣文治ほか編著『よくわかる社会福祉（第10版）』ミネルヴァ書房，2014年，p.167より筆者加筆修正)

らの総称を「生活機能」と呼び，否定的な「機能障害」「活動制限」「参加制約」の総称を「障がい」として位置づけた．つまり，障がいとは人間と環境が互いに関連しあって生まれるものであるという考え方のもと，ストレスや高齢，妊娠などの「健康状態」がさまざまな要因（個人因子，環境因子）により「障がい」が出現するというとらえ方をしており，「障がい」の枠が広がったということができる（図11-1）．

　日本では，2003（平成15）年身体障がい者と知的障がい者の福祉サービスが，行政によりサービス内容が決定される「措置費制度」から，障がい者自身が事業者と対等な立場で契約を結ぶことができる「支援費制度」に変わった．しかし，在宅サービスの利用者が多く財源不足に陥るなど多くの課題があり，2005（平成17）年「障害者自立支援法」が制定された．同法により，3障がいごとに定められていた障がい者施策の一元化や施設体系の再編，就

労支援の強化など障害者福祉サービスの仕組みが大きく変わった．その中で，施行前からサービス利用料の応益負担や障害支援区分の仕組みなど課題が指摘されていた．それらの課題を受け2013（平成25）年「障害者の日常生活及び社会生活を綜合的に支援するための法律」（障害者総合支援法）に改称され，施行された．

「障害者総合支援法」は，施設，居宅の枠組みを越えて総合的自立支援システムの構築を目指す基本的な考え方に，新たに支援の必要度合いを示す区分としての障害支援区分の創設など，基本的には障がい者自身がどのサービスを利用するか選択できる仕組みになっている．

2 障がい者福祉の法律と定義

障がい福祉の法律は「障害者基本法」のもと，障がいの種別や年齢によって個別法があり，それぞれの障がいについて定義がなされている．さらに，すべての障がいの枠組みを超えた「障害者総合支援法」が制定されている．

（1）「障害者基本法」と「障がい」の定義

「障害者基本法」は，個人の尊厳や差別の禁止を基本理念とし，障がいの有無に関係ない共生社会の実現を目的として，国・自治体の責任を明文化した．

また，「障害者基本法」において，「障がい」とは，「身体障害，知的障害，精神障害（発達障害含む．）その他の心身の機能の障害がある者であって，障害及び社会的障壁により継続的に日常生活又は社会生活に相当な制限を受ける状態にあるもの」と定められている．

「障がい児」については，「児童福祉法」第4条にもとづき18歳未満の者をさしている．ただし，実際の障害福祉サービス等を活用する際は「児童福祉法」と「障害者総合支援法」の双方の適応を受けることになる．

（2）「身体障害者福祉法」とその定義

　「身体障害者福祉法」は，身体障がい者の自立と社会経済活動への参加を促進するため身体障がい者の援助と保護を目的とし，障がいの範囲，援助の実施機関，身体障害者手帳，障害福祉サービス・障害者支援施設への入所等の措置，社会参加の促進が定められている．また，同法第4条において，「『身体障害者』は，別表に掲げる身体上の障害がある18歳以上のものであって，都道府県知事から身体者障害手帳の交付を受けたものをいう」と定められている．別表とは，「身体障害者障害程度等級表」（1〜7級）をさし，視覚障害，聴覚または平衡機能障害，音声，言語機能またはそしゃく機能障害，肢体不自由，心臓機能障害，じん臓機能障害，呼吸機能障害，ぼうこうまたは直腸機能障害，小腸機能障害，ヒト免疫不全ウイルスによる免疫機能障害，肝機能障害に分類されている．

（3）「知的障害者福祉法」とその定義

　「知的障害者福祉法」は，知的障がい者の自立の促進と経済活動への参加の促進のため，援助と保護を行うことを目的とし，援助の実施機関，障害福祉サービス・障害者支援施設等への入所等の措置などが定められている．

　「知的障がい」については，厚生労働省の調査において「知的機能の障害が発達期（おおむね18歳まで）にあらわれ，日常生活に支障が生じているため，何らかの特別の支援を必要とする状態にあるもの」と定義されている．しかし，日本では明確な判定方法や基準が確立されておらず，同省によれば幅広い援護措置の網をかぶせることが望ましいとの理由で，「社会通念」によって判断することになっている．

（4）「精神保健福祉法」とその定義

　「精神保健福祉法」は，他の福祉法と異なり保健，医療，福祉に分けられ，精神保健の保持及び増進，精神障がい者の医療及び保護，社会復帰の促進，

自立と社会経済活動への参加促進のための援助，精神保健福祉手帳，相談指導，精神保健障害者社会復帰促進センターなどについて規定されている．また，同法第5条において，「『精神障害者』とは，統合失調症，精神作用物質による急性中毒又はその依存症，知的障害，精神病質，その他精神疾患を有する者をいう」と定められており，「精神障害者保健福祉手帳」（1～3級）が該当者に発行されている．

（5）「発達障害者支援法」とその定義

発達障がいは，認識が一般的でなく長らく福祉施策の対象とならず，必要とされる支援が及ばない状況に置かれていた．

「発達障害者支援法」は，2004（平成16）年に制定され，その対象は，知的障がいを伴わない状態にあるものであって，「障害者総合支援法」では精神障がいに含まれている．

「発達障害者支援法」第2条において，「『発達障害』とは，自閉症，アスペルガー症候群その他の広汎性発達障害，学習障害，注意欠陥多動性障害その他これに類する脳機能障害であって，その症状が通常低年齢において発現するものとして政令で定めるものをいう」と規定されている．政令に定められているのは，言語の障害，協調運動の障害，その他心理的発達の障害，行動及び情緒の障害等である．この障がいには，手帳はない．

3　障がい者福祉の実施機関

障がい者の福祉政策は，障がい者福祉の関係法令・通知により各都道府県・政令指定都市，市町村が実施にあたる．近年では，地方分権，社会福祉改革の中で市町村に実施体制が移行してきている．

以下のような実施機関が挙げられる．

(1)　福祉事務所：障がい者福祉行政の第一線機関，障がい者福祉の実情の把握，相談援助を行う
(2)　児童相談所：障がい児福祉の相談援助を行う

（3） 身体障害者更生相談所：身体障がい者の相談・指導の中心的機関
（4） 知的障害者更生相談所：知的障がい者の相談・指導の中心的機関
（5） 精神保健福祉センター：精神保健福祉行政の中心的機関
（6） 保健所：療育指導，精神障がい者の社会復帰の促進を行う
（7） その他地域での福祉活動を行う民間の奉仕者（ボランティア）である民生委員・児童委員，相談援助を行う身体障害者・知的障害者相談員が配置されている．

4　障害者福祉サービスの実際

「障害者自立支援法」では，「施設」や「居宅」といった枠を超えて総合的な自立支援システムの構築を目的とし「自立支援給付」と「地域生活支援事業」が柱となり障害福祉サービスの再編がなされた．「障害者総合支援法」においてもその基本的な仕組みは引き継がれ，さらに政令で定める特殊な疾患である難病をサービスの対象とし，障害者程度区分を支援の必要な度合いを示す「障害支援区分」とするなどその他地域生活支援体制を整備し，地域移行支援を強化するなどした．

「自立支援給付」は，大きく①介護給付，②訓練等給付，③自立支援医療，④補装具の4つに分けられる．具体的には，介護給付にあたるサービスには，居宅介護，施設入所支援などがあり，給付を受けるためには区分認定を受ける必要がある．訓練等給付には共同生活援助（グループホーム）などのサービスがある．

第3節　障がい者福祉の課題

1　「障害者総合支援法」の課題

「障害者自立支援法」は「障がいのある人に利用しやすいサービス提供体制をつくる」という考え，のもと施行され，「障害者総合支援法」に改めら

れたが，依然として多くの検討すべき課題が残されている．

　利用料負担については，支援費制度による利用者負担の仕組み（応能負担）から，「障害者自立支援法」の施行により（応益負担）となった．このことにより，サービスをより多く受ける必要のある人ほど利用料の負担が増え，負担が増し，これまで受けていたサービスを変更せざる得なくなるケースもでてきた．後に見直しがされて以前の方式に戻ったが，状況によっては応益負担になったりするなど課題が残されている．

　障害支援区分についても，「障害者自立支援法」施行当初より，異なる障がいを一律の区分により把握し，サービス利用につなげていけるのかという点が課題とされていたが，実際運用してみるとやはり知的障がいや精神障がいの認定が軽くなり，適当なサービス利用につながっていかない状況があり，改善されることになってはいるものの具体的な改善策が示されていない現状である．

　今後，障がい福祉サービスの向上を目指して，それぞれの障がいを持つ人のニーズに応じたサービスを提供できる仕組みを検討していくことが必要である．

2　障がい者福祉の取り組むべき課題

　2011（平成23）年「障害者虐待防止法」が制定され，2012（同24）年国連の「障害者の権利に関する条約」に批准するなど法制度にまつわる仕組みの整備や障がい者の生活保障としての所得補償や雇用・就労，教育問題の整備など検討していくべき課題が山積している．

　障がい者の社会参加に向けて私たち一人ひとりができることは，まず障がいのある人を地域で受け入れていくための障壁（バリア）（①建物や乗り物の段差などの物理的障壁，②資格や免許の制限といった制度的障壁，③音声案内・手話通訳・点字などの文化・情報面の障壁，④偏見や差別という意識上の障壁）を取り除いていくことや，すべての人が使いやすい製品や空間等生活環境をトータルにデザインすることを目指す，ユニバーサルデザインという考え方

を進めていくという高い意識を持つことである．

　障がいのある人と健常者の共生社会の実現に向けて，人びとが障がい者を社会の一員として受け入れ，障がい者排除の意識を変えていくことが何より大切である．障がい者の社会参加を妨げる最大の要因は人びとの差別と偏見なのである．

参考文献
井村圭壯・相澤譲治編著『総合福祉の基本体系（第2版）』勁草書房，2013年．
井村圭壯ほか編著『社会福祉の理論と制度』勁草書房，2010年．
相澤譲治・橋本好市・直島正樹編『障害者への支援と障害者自立支援制度』みらい，2014年．
相澤譲治編『保育士をめざす人の社会福祉（六訂）』みらい，2012年．
相澤譲治・橋本好市編『障害者福祉論』みらい，2007年．
石田慎二・山縣文治編著『社会福祉（第3版）』ミネルヴァ書房，2013年．
山縣文治・岡田忠克編著『よくわかる社会福祉（第10版）』ミネルヴァ書房，2014年．

第12章　生活保護

第1節　生活保護とは

　社会保障には，失業，けがや病気，老齢退職，死亡など，生活を脅かすリスクに対して，人びとの生活の安定を図るための「社会的安全装置」（セーフティネット）の役割がある．

　社会保障は，一般的には社会保険（医療保険，介護保険，年金保険，労災保険，雇用保険），公的扶助（生活保護），社会福祉サービス（児童家庭福祉，高齢者保健福祉，障害者福祉）の3つに分類されている．このほか，労働・雇用政策，公衆衛生，住宅政策などを社会保障にふくめる場合もある．

　なかでも，公的扶助としての生活保護は，社会保険等の制度では防ぎきれない生活困窮に対して，国の責任で，「すべて国民は，健康で文化的な最低限度の生活を営む権利を有する」とする日本国憲法第25条の生存権保障を根拠とした最後のセーフティネットとしての役割を担っている．

第2節　生活保護の制度

1　生活保護の原理と原則

（1）　生活保護の原理

　「生活保護法」は，その第1条において，憲法の生存権保障の理念に基づき，「国が生活に困窮するすべての国民に対し，その困窮の程度に応じ，必要な保護を行い，その最低限度の生活を保障するとともに，その自立を助長

することを目的とする」と定めている．これを生活保護の国家責任の原理という．

また，同法第2条から4条では，解釈・運用の基本となる原理として，「無差別平等に受けることができる」原理（第2条），「健康で文化的な生活水準」としての最低生活保障の原理（第3条），保護の補足性の原理（第4条）を規定している．

補足性の原理は，保護を受ける場合，生活に困窮するものが，①「その利用し得る資産」，②「能力その他あらゆるもの」の活用，③「扶養義務者の扶養」の「優先」，④「他の法律に定める扶助」の「優先」を活用してもなお収入が基準以下であれば，その不足分を補うことを意味している．

このように，生活保護制度は，最低生活費以下の生活を強いられる人を無くしていくことを目的としており，「社会保障の岩盤」とも言われている．

（2） 生活保護の原則

「生活保護法」は，第7条から第10条にかけて，申請保護の原則（第7条「保護は，要保護者，その扶養義務者又はその他の同居の親族の申請に基づいて開始するものとする」），基準及び程度の原則（第8条），必要即応の原則（第9条），世帯単位の原則（第10条），として4つの原則を定めている．これらの原則に基づいて同法が運用されている．

2 生活保護（扶助）の種類

（1） 8つの扶助

生活保護には，以下の8つの扶助（種類）があり，「最低限度の生活」を維持していくための費用として，それぞれに基準を決め，その不足分を補う（扶助する）としている．この8種類の扶助の基準の積算によって，生活保護基準（生活保護費）が決められる．

① 生活扶助

飲食費，被服費，水光熱費など日常生活の暮らしに要する費用である．こ

の生活扶助費は，第1類経費（個人単位で消費される飲食費，衣類などの経費）と，第2類経費（世帯全体で支出される水光熱費や家具什器などの経費）とで構成されている．

② 住宅扶助

アパートや借家の家賃，住居の補修など，住まいに要する費用である．宿所提供施設等による現物支給もある．

③ 教育扶助

学用品，学級費，給食費など，義務教育の就学に必要な費用に対する扶助である．

④ 医療扶助

病気やけがに対して，入院・通院で治療が必要な場合に医療サービスを給付する．医療保険制度は適用せず，国が費用を負担する．

⑤ 介護扶助

介護が必要な場合に，介護サービスを給付し，それにかかった自己負担分を国が支払う．

⑥ 出産扶助

出産のために必要な費用に対する扶助である．分娩にかかる費用は，助産制度があるため，出産扶助を使うケースは少ない．

⑦ 生業扶助

生業を開始したり就労することによって，収入の増加や自立のために必要になる費用に対する扶助である．また，高等学校等の就学にかかる費用（教材費や通学交通費など）が含まれる．

⑧ 葬祭扶助

葬儀に要する費用である．保護受給者の死亡時や埋葬費などを負担できない時に給付される．

（2） 8つの扶助と他の制度との関係

生活保護基準引き下げは，例えば生活扶助費については，2013（平成25）

年8月に行われた．この扶助費は，2014（平成26）年4月，2015（平成27）年4月の3段階で平均6.5％の引き下げが予定されている．

この基準は，受給世帯だけでなく，それ以外の世帯の小中学生の就学援助の受給基準や住民税非課税基準，国民健康保険税の減免，保育料の免除，さらには最低賃金や年金額の基準などの物差しになっており，さまざまな分野へ影響を与える．

生活保護で示される生活費の基準は，私たちの「最低限度の生活」水準（ナショナル・ミニマム）を示すものである．この水準の「健康で文化的な最低限度の生活」について今後も検討していくことが求められている．

3　生活保護基準

生活保護の具体的な基準額は，厚生労働大臣が保護基準を示し，保護を必要とする人の「年齢別，性別，世帯構成別，所在地域別その他保護の種類に応じて必要な事情を考慮した最低限度の生活の需要を満たす」（生活保護法第8条2項）基準として，その内容を決めている．またこの基準は，原則1年に1度改定されている．

このなかで，「所在地域別」については，級地制度と呼ばれ，地域における生活様式や物価差による生活水準の差を生活保護基準に反映させることを目的として定められており，市町村を1級地—1から3級地—2まで6区分に分けている．生活保護基準（最低生活費）の自動計算表がインターネット上でも掲載されているので，アクセスし必要項目を入力すれば生活保護基準額が算出できる．

4　申請から給付まで

（1）　保護の申請

保護は申請からはじまる．申請は，本人か扶養義務者または同居している親族が，居住地を管轄している福祉事務所に申請を行う．住民票の所在地と居住場所が異なる場合には，居住地で行う．また，居住地が明らかでなかっ

たり，それが存在しない場合にも，要保護者が所在していた場所を管轄する福祉事務所で申請する．

申請は，福祉事務所にある申請書に必要書類（収入報告書，資産申告書など）を添えて提出する．福祉事務所は，2週間以内に保護の要否，種類，程度を決定し申請者に通知する．

（2）ソーシャルワーカーの援助

福祉事務所のソーシャルワーカーは，要保護者に対して，世帯の自立に向けた相談援助活動を行っている．

定期的に訪問し相談にのったり，生活課題をアセスメントし関係諸機関と連携しながら，共に課題の解決を図るといったソーシャルワークを展開している．

こういった福祉事務所によるソーシャルワークは，これらの課題に対して重要な機能と役割を担っている．しかし，ワーカーの人員不足が全国的にも課題になっている．

（3）不服申し立て

申請者は，保護申請後，福祉事務所の決定や処分などに対して不服がある場合には，都道府県知事に不服申し立てを行うことができる（審査請求）．知事の裁決に対しても不服がある場合には，厚生労働大臣に再審査請求をすることができる．大臣の裁決に対しても不服がある場合には，裁判を起こすことができる．

5　生活保護施設

生活保護は，居宅保護を原則とした給付による保障を基本としている．しかし，居宅において保護を行うことが困難な場合，施設での保護も用意されている．生活保護法に基づく保護施設には以下の5種類がある．

(1) 救護施設

身体的・精神的に著しい障がいをかかえた人が入所し，日常生活の援助を受けている．

(2) 厚生施設

「身体上又は精神上の理由により養護及び補導を必要とする要保護者を収容して，生活扶助を行う」施設である．多様な障がいをかかえた利用者が入所している．この施設は，生活扶助と同時に社会復帰を目的とした施設であることから，救護施設に比べ障がいの程度は軽く，社会的自立のための生活指導，勤労意欲の助長，技能習得のための作業指導などが行われている．

(3) 医療保護施設

「医療を必要とする要保護者に対して，医療の給付を行うことを目的とする施設」であり，指定病院や診療所の許可病床という形態がとられている．この施設は，入院を必要とする要保護者だけでなくホームレスの人々の医療対策としての役割も担っている．また，無料低額診療所は，第2種社会福祉事業のひとつで，生活保護施設ではないが，生活困窮者支援のための関連施設として，ホームレスの人びとに援助を行っている．

(4) 授産施設

「身体上若しくは精神上の理由又は世帯の事情により就業能力の限られている要保護者に対して，就労又は技能の修得のために必要な機会及び便宜を与えて，その自立を助長することを目的とする施設」である．この施設は，生業扶助を主たる目的としており，利用者の多くは通所による施設授産を行っている．

(5) 宿所提供施設

「住居のない要保護者の世帯に対して，住宅扶助を行うことを目的とする

施設」であり，住居の提供と生活相談を行っている．

これらの施設の現状と課題を学ぶことは，社会保障や生活保護制度の歴史や課題を知る上でも重要である．

第 3 節　生活保護の課題

1　捕捉率の現状

捕捉率とは，制度の対象となる人のなかで，実際に受給している人がどれくらいいるかを表わす数値である．

「各国の公的扶助の捕捉率・利用率比較」[1]によると，日本の生活保護の捕捉率は，「所得のみを考慮した場合，15.3％，資産要件を考慮した場合も32.1％」となっている．同捕捉率は，スウェーデンでは約82％，ドイツ64.6％，フランス91.6％，イギリスは求職者47〜59％，高齢者62％〜73％，ひとり親・障がい者78〜90％になっている．

捕捉率を向上させ，私たちの生存権を支える生活保護制度を，身近に利用できる制度へと発展させることがひとつの課題となっている．

2　自立支援プログラム

厚生労働省社会保障審議会に「生活保護制度の在り方に関する専門委員会」2002（平成14）年が設置された．この委員会は，「利用しやすく自立しやすい制度へ」という基本方針のもと，生活保護世帯が多様な生活課題を抱えていることから，「多様な対応」，「早期の対応」，「システム的な対応」が必要であると報告している．また自立支援プログラムを導入し，経済的自立だけではなく，日常生活や社会的自立への援助の必要性を提起した．

これを受けて，2005（平成17）年に「福祉から就労」支援事業，2011（平成23）年に被保護者への「社会的居場所づくり支援事業」，2012（平成24）年に被保護者のみならず生活保護に至るおそれのある人への「日常・社会生

活及び就労自立総合支援事業」が始まった．

こうしたプログラムを展開している自治体では，孤立した人を発掘して福祉サービス等につなげる取り組みを行っている．しかし，自治体による格差があり，今後の展開が期待されている．

3　補足性の原理

「補足性」の原理に関わる課題として，資産の活用と民法に定められる親族（扶養義務者）の扶養の問題がある．

資産を使い尽くす前に，早期の対応によって保護の長期化を防止するなど，運用の改善が望まれている．

また，扶養については，扶養義務の「優先」が生活保護の「要件」のように解釈される場合もあり[2]，「餓死・孤立死」事件の防止の上でも「優先」規定が先進諸国の制度のように発展していくことが望まれている．

注
1）稲葉剛『生活保護から考える』岩波書店，2013年，pp.68〜69．
2）同上書，pp.92〜100．

参考文献
相澤譲治編『保育士をめざす人の社会福祉（6訂）』みらい，2012年．
後藤卓郎編『新選・社会福祉（第2版）』みらい，2013年．
山縣文治・岡田忠克編『よくわかる社会福祉（第8版）』ミネルヴァ書房，2011年．

第13章　地域福祉

第 1 節　地域福祉とは

1　地域福祉の基本的捉え方

　私たちは社会で生活する以上，必ずどこかに居所を定めている．それは一般的な住宅だけでなく，人によっては入所型施設であったり病院であったりする場合もあるだろう．また山間部や農漁村部，都市部といわれる地域もあれば，豪雪や活火山など自然の猛威に定期的にさらされる地域もあり，それら地域の実情と個々の生活背景に応じた形で提供されることが期待されるものが「地域における社会福祉」である．

　「社会福祉法」には「地域住民，社会福祉を目的とする事業を経営する者及び社会福祉に関する活動を行う者は，相互に協力し，福祉サービスを必要とする地域住民が地域社会を構成する一員として日常生活を営み，社会，経済，文化その他あらゆる分野の活動に参加する機会が与えられるように，地域福祉の推進に努めなければならない」（第4条）と示されている通り，同じ地域社会にさまざまな形で属する人や組織が，それぞれが主体的意識を持ちながら他者と地域にアプローチしていくことが期待されている．その背景には超高齢社会の到来と少子化などによる地域の相互扶助関係が脆弱化していることが考えられよう．

　地域のゆらぎは生活のゆらぎにつながっていくが，その影響をいち早く受けるのは高齢者や障がい者，あるいは母子家庭や日本語を母国語としない人などである．このような人びとが孤立し困難を抱えてしまう社会は決して私

たちが望むものではない．東日本大震災（2011年）で私たちは，「自助」（住民個々の努力）・「共助」（住民相互の扶助）・「公助」（公的サービスによる援助）が，バランスよく存在する地域社会をつくることが，誰しもが豊かに生活できるために必要だと学んだ．お互いの不足を補い合い，他者への想像力と当事者意識を地域全体で抱きながら協働できるような仕組みと精神的土壌を育んでいきたい．

2　「地域福祉」の定義

このような捉え方のもと，地域福祉の定義を整理してみる．個々の福祉的ニーズは複雑多岐にわたる．その課題も個人的背景に起因する部分と，社会的背景に起因する部分の厳密な線引きも難しいだろう．明らかなことは，どちらも地域にあるということである．大橋謙策（2014年）は「地域福祉とは」として，「自立生活が困難な個人や家族が，基礎自治体や生活圏を同じくする地域において自立生活できるようネットワークをつくり，必要なサービスを総合的に提供することであり，そのために必要な物理的，精神的環境醸成を図るとともに，社会資源の活用，社会福祉制度の確立，福祉教育の展開を統合的に行う活動」[1]としている．

ここにはネットワークをつないでサービスを総合的に提供することとあるが，地域社会においてのネットワークは「提供する側」と「提供される側」がいつも一方向ではない．内容や時間の流れによってその動きは目まぐるしく変化していくものである．むしろこの流れが活性化している地域は，住民がそれぞれの役割をいきいきと担っていると言えるかもしれない．

そのために必要な「物理的，精神的環境醸成」とは，「バリアフリー」における「物理的障壁」と「精神的障壁」という2つのバリアを打ち砕くことにおきかえるとイメージしやすいだろう．そのために「福祉教育」は大きな役割を持っている．人々の無知・偏見・無関心を無くすとともに，他者への想像力と当事者意識を抱かせること，これが社会の創造力へとつながっていくのである．

第 2 節　地域福祉の制度

　福祉に関する制度は，その対象となるものを想定しつつ整備されてきたが，「地域福祉」はそれら対象となる個人，状態をすべて含有しているものが「地域」であることから，制度化されたサービスや事業のみで完結するものではなく，地域住民自身，ボランティアやNPO，そして行政を含む福祉関係機関がそれぞれを補完しあいながら地域に即した形で実現していくことが求められる．その実現にあたって必要な制度と組織を以下に概観する．

1　地域福祉計画

　「社会福祉法」第107条に「市町村地域福祉計画」，第108条「都道府県地域福祉支援計画」がそれぞれ規定されている．地域福祉計画は，主体者である住民の意見を十分に反映することを工夫しながら，高齢者・障がい者・児童等の計画との連携および整合性を図り策定する．また日頃から社会福祉協議会や民生委員・児童委員等の関係機関・者等との情報共有を図ることを通して，はじめてこの計画は地域において意味を持つものである．都道府県は市町村が行う地域福祉計画策定に関する助言や指導を行っている．計画期間は概ね5年とし3年で見直すことが適当とされる．次の表13-1は計画に盛り込むべき事項として示されるものである．

2　社会福祉協議会

　「社会福祉法」第109条～第111条に規定されている．社会福祉法人で運営される機関であるが，行政機関とも密接な関係を保持しながら地域福祉のコーディネーター的存在を担う．市区町村単位では，①社会福祉を目的とする事業の企画及び実施，②社会福祉に関する活動への住民の参加のための援助，③社会福祉を目的とする事業に関する調査・普及・宣伝・連絡調整及び助成その他，の事業を地域に即した形で実施することにより，地域福祉の推

表 13-1　地域福祉計画に盛り込むべき事項

① 地域における福祉サービスの適切な利用の促進に関する事項
　○目標の提示
　　・ニーズ調査，サービスの点検，緊急性や目標量の設定
　○目標達成のための戦略
　　ア 相談支援体制の整備
　　イ 必要なサービスを利用できる仕組みの確立
　　・社会福祉従事者の専門性の向上
　　ウ サービスの評価等による利用者の選択の確保
　　エ サービス利用に結びついていない要支援者への対応
　　・要支援者発見機能の充実，ソーシャルワーク体制の整備，
　　・福祉事務所の地域福祉活動等の充実・支援
　○利用者の権利擁護
　　・地域福祉権利擁護事業等の整備

② 地域における社会福祉を目的とする事業の健全な発達に関する事項
　○多様なサービスの参入促進及び公私協働の実現
　○福祉，保健，医療と生活関連分野との連携方策

③ 地域福祉に関する活動への住民の参加の促進に関する事項
　○地域住民，ボランティア団体，NPO 法人等の活動への支援
　　・情報，知識，技術の習得，活動拠点に関する支援
　　・地域住民の自主的な活動と公共的サービスの連携
　○住民等の意識の向上と主体的参加の促進
　　・地域住民，サービス利用者の自立
　　・住民等の主体的な生活者，地域の構成員としての意識の向上
　　・住民等の交流会，勉強会等の開催
　○地域福祉を推進する人材の養成

④ その他

(出典：社会保障審議会福祉部会「市町村地域福祉計画及び都道府県地域福祉支援計画策定指針の在り方についての概要」，2002 年を参考に作成)

進を図っている．

　また都道府県単位では，各市町村を通ずる広域的な見地から行うことが適切なものや，社会福祉を目的とする事業に従事する者の養成及び研修，経営に関する指導及び助言，また市町村社会福祉協議会の相互の連絡及び事業の調整を行っている．地域住民の多くが「会員」となって組織を支えていくことが理想である．

3　民生委員・児童委員

　民生委員は児童委員を兼ねるため民生児童委員と称されることもあるが，それぞれ民生委員は「民生委員法」，児童委員は「児童福祉法」に規定されている．民生委員は厚生労働大臣から委嘱される非常勤特別職の地方公務員であるが，給与は支給されない行政委嘱ボランティアの位置づけとなる．

　民生委員は市区町村におかれ，「社会奉仕の精神をもって，常に住民の立場に立って相談に応じ，及び必要な援助を行い，もつて社会福祉の増進に努める」(「民生委員法」第1条) ことが役割である．具体的には次の5つである．

①住民の生活状態を必要に応じ適切に把握しておくこと．
②援助を必要とする者がその有する能力に応じ自立した日常生活を営むことができるように生活に関する相談に応じ，助言その他の援助を行うこと．
③援助を必要とする者が福祉サービスを適切に利用するために必要な情報の提供その他の援助を行うこと．
④社会福祉を目的とする事業を経営する者又は社会福祉に関する活動を行う者と密接に連携し，その事業又は活動を支援すること．
⑤福祉事務所その他の関係行政機関の業務に協力すること．その他必要に応じて，住民の福祉の増進を図るための活動を行うこと，である．

　2015 (平成27) 年3月31日現在の委嘱者総数は23万1,399人で，その男女比率は男性39.6％，女性60.4％であり女性の方が多い．活動は要支援者への家庭訪問だけでなく，町会やPTA，それらを含んだ地域活動への積極的な参加から，情報の把握と共有を目指している．東日本大震災以後は，地域における災害時要援護者の把握と支援についても期待されている．

4　保護司

　保護司は「保護司法」と「更生保護法」に規定され，法務大臣から委嘱さ

れる非常勤の国家公務員であり，地域住民の中から信望の厚い人が委嘱されている．民生委員同様に給与は支給されず，交通費などの実費のみ支給される行政委嘱ボランティアの位置づけとなる．保護司は区域を定める保護区に配置され，「社会奉仕の精神をもつて，犯罪をした者及び非行のある少年の改善更生を助けるとともに，犯罪の予防のため世論の啓発に努め，もつて地域社会の浄化をはかり，個人及び公共の福祉に寄与すること」(「保護司法」第1条)を使命とし，具体的には，次の4つが職務である．

①犯罪をした者及び非行のある少年の改善更生を助け又は犯罪の予防を図るための啓発及び宣伝の活動
②犯罪をした者及び非行のある少年の改善更生を助け又は犯罪の予防を図るための民間団体の活動への協力
③犯罪の予防に寄与する地方公共団体の施策への協力
④その他犯罪をした者及び非行のある少年の改善更生を助け又は犯罪の予防を図ることに資する活動で法務省令で定めるもの，である．

　罪を犯した人のライフヒストリーを辿ると，「貧困」「無知」「疾病（これは高齢含む）」などといった，いわゆる支援を必要とする要素が示されることが珍しくない．例えば2007（平成19）年の新受刑者約3万500人のうち，入所時の知能検査で知能指数69以下の人が約6,700人（約22％）を占めるなど，明らかに何らかの支援が必要な人の存在が意識される．しかしながら彼らの多くは，さまざまな福祉サービスや居住先，就労先の確保がなされないまま出所するので，地域での生活基盤が脆弱な結果再び罪を犯してしまうケースが多くなっている．罪を犯した人が法による償いを終えて戻る場は，地域社会である．ソーシャルインクルージョンの潮流のもと，罪を犯した者への支援は地域社会の理解と協力なくしては機能しない．それを円滑調整する役割の一翼を，保護司は担っているのである．平成28年1月1日現在の委嘱者総数は4万7,939人で，その男女比率は男性74％，女性26％であり

男性の方が多い．平均年齢は64.9歳であり，高齢化が一番の課題である．

5　ボランティア活動

　わが国における「ボランティア元年」は，阪神淡路大震災が発生した1995（平成7）年と言われている．わが国が戦後初めて経験した大災害に対し行政や社会福祉協議会も支援活動を実施したが，サービスの「公平性」を求められる組織・機関にあっては，迅速な対応が難しい局面も多々発生した．そこに全国から集まったボランティアが細やかな対応で行政を補完し，時には行政に提言しつつ支援にあたった姿が広く国民の知るところとなり，以後，ボランティアは社会になくてはならない存在として認知されることになった．全国社会福祉協議会が2009（平成21）年に実施した「全国ボランティア活動実態調査」によると，ボランティアの活動分野は「高齢者の福祉活動」が36.3％と最も多く，「障害者の福祉活動」，「地域の美化・環境保全に関する活動」，「まちづくりなどに関する活動」の分野が続いている．

　ボランティア活動の性格として一般的に「自発性（主体性）」「社会性（連帯性）」「無償性（無給性）」等があげられるが，ボランティアの定義についてはさまざまな論議があり，定まってはいない．よって交通費や食費などの実費，あるいは薄謝をボランティアをされる側が支払う「有償ボランティア」と呼ばれるものがあるが，これは「無償性」に反するものではないかという意見もある．ただこれについては，1993（平成5）年に中央社会福祉審議会が「受け手と担い手との対等な関係を保ちながら謝意や経費を認め合うことは，ボランティアの本来の目的から外れるものではない」と認めていることや，社会福祉協議会などが実施している，配食・通院同行・家事手伝いなど住民相互の助け合いを基盤とした「住民参加型有償福祉サービス」も「有償ボランティア」の延長線上とも考えられ，地域の福祉ニーズを満たすためには不可欠のものである．

6　NPO 活動

　上述したように，1995（平成7）年1月に発生した「阪神淡路大震災」ではボランティアなどの任意団体の活躍が注目され，社会的認知は高まった．しかし法人格を持たない任意団体では税制上の優遇も口座開設もできない上，拠点となる部屋を借りることも個人名義とならざるを得なかったので，安定した活動を継続することが困難であった．そこで市民による活動の拡充を図っていく必要性が訴えられ，任意団体であっても公益寄与することを目的とするものの法人化を認める1998（平成10）年12月に「特定非営利活動促進法」が施行された．法人数は51,997にのぼり（2016年6月末現在），地域のさまざまなニーズにこたえるべく活動しており，今後ますますその存在意義は増してくるであろう．

第3節　地域福祉の課題

　わが国の高齢化は人類が経験したことのないスピードで到来している．2040年には，全国の自治体のうち65歳以上人口の割合が40％以上を占める自治体がほぼ半数となることが推計されている．この結果要介護者や要療養者が増加するであろうから，年金・介護保険料など社会保障費の増大は避けられない．同時に進行している少子化とあいまって生産年齢人口は減少していることを考えると，今までの「高齢者観」を大きく変革し「働ける意欲と能力がある人」は可能な限り活躍してもらう環境を整備することが必要だろう．これは高齢者に限ったことではない．障がい者も女性も外国人も，それぞれのできる範囲で社会に参画してもらう仕組みを構築していかねば，もはや地域は成り立たない．

　そのような考えに立つと，制度・政策だけの改変だけでは地域の実情に応じた細やかな対応は難しくなる．この課題対処への鍵となる組織は，地域の福祉コーディネーターたる社会福祉協議会であろう．先に述べたとおり，社

会福祉協議会自体も会員の現象や認知の低さなどさまざまな課題もあるが，住民のみで構成される町会・町内会・自治会などと異なり，中立的な事務局を持っていることは大変な強みである．なぜなら地域住民の主体的な取り組みの中では，生活者同士の個人的関係や感情が時に地域で溝を生じさせてしまうこともあるからだ．社会福祉協議会はファシリテーターとして地域の合意形成や相互理解がスムーズに進むよう調整することが期待される．

　それぞれの組織が専門とするものについては各自ノウハウを持っていても，「縦割り」では総合的な地域の力にはなれない．地域のボランティアやNPOの横のつながりを恒常的なものにするために，組織間同士のネットワークを構築することが望ましい．各組織の活性化（マンネリ対策）や構成員の世代交代が常に課題となるだろうが，「情報の提供および共有手段」が図られることが求められる．

　内閣府が2013（平成25）年2月に行った「社会意識に関する世論調査」によると，日頃社会の一員として，何か社会のために役立ちたいと思っているかそれともあまりそのようなことは考えていないか，との質問に対し「思っている」と答えた人の割合は66.7％に上っている．このような思いを持った人びとをどのように具体的な地域福祉活動に招き入れていくのか，その仕組み作りが最大の課題である．そして地域住民自身が「地域の福祉課題」を「自分の福祉課題」として意識化できるような地域風土が涵養されるよう工夫したい．

注
1）社会福祉学習双書編集委員会編『地域福祉論』全国社会福祉協議会，2014年，p.19.

参考文献
雨宮孝子・小谷直道・和田敏明編著『ボランティア・NPO』中央法規出版，2008年.
井村圭壯・相澤譲治編著『地域福祉の原理と方法（第2版）』学文社，2014年.
川村匡由編著『ボランティア論』ミネルヴァ書房，2006年.

国立社会保障・人口問題研究所『日本の地域別将来推計人口』2013年.
社会福祉士養成講座編集委員会『地域福祉の理論と方法（第2版） 新・社会福祉士養成講座9』中央法規出版，2010年.
社会保障審議会福祉部会『市町村地域福祉計画及び都道府県地域福祉支援計画策定指針の在り方について』2002年.
内閣府『平成25年度市民の社会貢献に関する実態調査』2014年.

第14章　保健医療福祉

第1節　保健医療福祉とは

　近年，日本の高齢率が上昇し，それを支える日本の労働者人口が減少したことから生じた数々の問題がクローズアップされている．2014年7月に厚生労働省が発表した平均寿命では，はじめて男性が80歳を超え80.21歳となり，世界第4位となった．女性は前年より0.2歳上がり，過去最高の86.61歳となり，2年連続で世界一となった．この世界に冠たる長寿国の実現の背景には，日本の高い保健医療水準と日々向上する医療技術や提供体制をはじめ医療保険制度の改革等のさまざまな方面から支えられている．しかし，その一方で，年々増大する高齢者にかかる医療費や保険料の負担率の増加等が国民の生活の重荷となった事態が生じている．政府はこれを深刻に受けとめ，良質な医療が確保でき，将来的にも維持可能な皆保険制度の再構築を行うことにした．

　そこで，2001年，政府・与党社会保障改革協議会により，「医療制度改革大綱」が示され，将来的にも維持可能な医療保険制度としていくために，①医療保険制度の一元化，②新しい高齢者医療制度の創設，③診療報酬体系への見直しなどが行われた．これをもとに，2003年，厚生労働省から医療提供体制の改革に関する検討チームがまとめた「医療提供体制の改革ビジョン」では，①患者の視点の尊重，②質が高く効率的な医療の提供，③医療の基盤整備等を行った．

　そして，2006年に「健康保険法等の一部を改正する法律」および「良質な医療を提供する体制の確立を図るための医療法等の一部を改正する法律」

が成立し，2007年に政府・与党医療改革協議会により，「医療制度改革大綱」をとりまとめた．これを受けて，健康づくりから疾病予防の推進まで，保健・医療・福祉が一体的に，総合的に取り組むことの重要性を意識した事業展開が進められるようになり，実際のサービス提供場面においても意識的に取り組まれるようになった．

第 2 節　保健医療福祉の制度

1．社会保障制度の定義

　憲法第25条で「すべて国民は，健康で文化的な最低限度の生活を営む権利を有する」として，生存権の規定をしている．しかし，私たちは病気や障害，失業といったリスクと向き合って暮らしており，事故や病気になった時，医療保障や失業，定年退職などで収入がなくなった時に所得保障がなければ，「最低限度の生活」が困難になってしまう．
　そのため憲法では，「国は，社会福祉，社会保障及び公衆衛生の向上及び増進に努めなければならない」と国の責務を規定している．これを制度化したものが社会保障制度である．
　定義は，1950年，社会保障制度審議会による「社会保障制度に関する勧告」によるものが一般的で，「社会保障制度とは，疾病，負傷，分娩，廃疾，死亡，老齢，失業，多子その他困窮の原因に対し，保険的方法又は直接公の負担において経済保障の途を講じ，生活困窮に陥った者に対しては，国家扶助によって最低限度の生活を保障するとともに，公衆衛生及び社会福祉の向上を図り，もってすべての国民が文化的社会の成員たるに値する生活を営むことができるようにすること」である．

2．社会保障制度の体系

　社会保障制度は，主に，1）社会保険 2）社会福祉 3）公的扶助 4）保

健医療・公衆衛生の4本柱で構成されており，いずれも基本的な生活における安心を公的に国が保障するものである．

1）社会保険

　社会保険とは，生活していく上で起こる疾病，事故，障害，死亡，失業等の社会的リスクに対して，国民が保険料を負担して相互に助け合う制度のことである．加入は一定の要件を満たす者を強制的に加入させて相互に支え合う仕組みを作っている．給付は，原則として被保険者の性別や所得などにかかわらず保険事故に応じて画一的に行われる．財源は，主として被保険者本人やその雇用主から徴収する保険料からなり，その他に保険料の運用収入や税金などもこれに充当する仕組みとなっている．具体的には，老齢や障害等により金銭給付される「年金保険」，医療サービスを一部負担金で受けられる「医療保険」，失業により金銭給付される「雇用保険」，労働災害により金銭給付や医療サービスが受けられる「労働者災害補償保険」，介護サービスが必要になった時に受けられる「介護保険」がある．

（1）年金保険

　年金保険とは，老齢，障害，死亡といった社会的リスクに対して，本人や家族の生活を経済的に保障する公的保険制度のことである．①「国民年金」②「厚生年金・共済年金」などがある．加入している年金制度から，③「老齢年金」④「障害年金」⑤「遺族年金」などが支給される．

① 国民年金（基礎年金）

　国民基礎年金は，全国民を対象に20歳以上60歳未満の人に加入を義務づけている年金のことで，国民共通の基礎年金として位置づけられている．

② 厚生年金・共済組合など

　国民基礎年金に上乗せする形として，厚生年金，共済年金，国民年金基金などがある．厚生年金は，民間の会社で働く人を対象にし，共済組合は，公務員や私立学校の教職員等を対象にしている．国民年金基金は，自営業者やアルバイトなどを対象としている．

③ 老齢年金

老齢基礎年金は，保険料の納付期間が25年以上ある者が65歳以上になった時に受給できるもので，2014年現在では，全受給者の平均年金月額は約5万5,437円である．

④ 障害年金

障害基礎年金とは，国民年金の加入中に病気や事故等によって障害が残った場合（障害基礎年金の障害等級表による1級か2級）に，1級で月額約8万2500円，2級で月額約6万6000円が支給される．なお，国民年金に加入していない20歳未満の時に障害をもった者は，20歳から障害基礎年金が支給される．

⑤ 遺族年金

遺族基礎年金は，国民年金の加入者や年金受給者が死亡した時に，生計主体者により生計が維持されていた子のいる妻，または子に対して，子が18歳になる年度まで月額約6万6000円が支給される．

（2） 医療保険

医療保険とは，疾病やケガなどといった社会的リスクに対して医療機関で処置を受けるときに，経済的にサポートする制度である．健康保険や国民健康保険等，加入している保険から医療給付を行う仕組みとなっている．その方法は，医療機関でかかった費用を保険元から支払う現物給付の形をとっており，これを公費医療が補足するという構成となっている．

主に，①組合管掌健康保険，②全国健康保険協会（協会けんぽ），③共済組合，④国民健康保険の4本柱で構成されている．これに75歳以上の高齢者のために，後期高齢者医療制度がある．

①組合管掌健康保険

組合管掌健康保険とは，民間企業の従業員を対象に，企業の事業主が健康保険組合を設立している保険のことである．大企業の従業員に適用されることが多く，企業が単独で設立する場合（単一）は，被保険者が常時700人以上，2以上の事業所または2以上の事業主が協働して設立する場合（総合）

は，合計で被保険者が常時3000人以上が必要である．また，被保険者の2分の1以上の同意（事業所が2つ以上の場合は，事業所ごとに夫々の事業所の2分の1以上の同意）を得た上で，厚生労働大臣の認可を受ける必要がある．

②全国健康保険協会（協会けんぽ）

全国健康保険協会とは，被保険者が被用者で健康保険組合の組合員でない中小企業に雇用される者を対象とする保険のことである．強制適用になる事業者は，常時5人以上の従業員を使用する事業所（一部の業種を除く）と常時従業員を使用する国・地方公共団体又は法人の事業所である．強制適用事業所以外であっても一定の要件を満たせば，任意適用事業所として加入できる．

③共済組合

共済組合とは，国家公務員，地方公務員また私立学校教職員を対象とされるものである．国家公務員では，原則各省庁に1つの組合が設けられており，現在20組合あり，地方公務員では，64組合ある．また，私立学校教職員のものでは，保険者は日本私立学校振興・共済事業団の1事業団である．各共済組合の医療保険は，疾病やけがに対して給付される短期給付と，組合員や家族の生活保障を目的とした退職給付（退職共済年金），障害給付（障害共済年金，障害一時金）及び遺族給付（遺族共済年金）などに対して給付される長期給付がある．

④国民健康保険

国民健康保険とは，市町村が運営するものと，同一都道府県内の同業者が集まって国民健康保険組合（例，美容師など）を作り運営しているものがある．市町村国民健康保険では，市町村が保険者となり，自営業者，農業従事者，退職者，非正規雇用などが加入している．区域内に住む者で被用者保険に加入していない者は強制的にこれに加入させる．

⑤後期高齢者医療制度

後期高齢者医療制度とは，75歳以上の高齢者等及び寝たきりの前期高齢者で広域連合に認定された者が対象となる．

医療費は現役世代よりも軽い1割の窓口負担で医療を受けることができる．ただし，現役並みの所得者の窓口負担等は，現役世代の国保等と同程度となる．低所得者には軽減措置がある．

⑥その他（高額介護合算療養費制度）

年間における医療保険と介護保険の自己負担が著しく重くなった場合に，負担を軽減する制度である．世帯内の後期高齢者医療制度の被保険者全員が，1年間に支払った医療保険と介護保険の自己負担を合計し，基準額を超えた場合に，その超えた金額を払い戻すことで負担を軽減する仕組みである．

基準額は，若い世代よりも低く，被保険者の負担能力に応じきめ細かく設定されているが，現役並みの所得者の窓口負担等は，現役世代の国保等と同程度となる．

（3）雇用保険

雇用保険とは，失業保険制度のことで労働者が会社の都合や自己退職により失業した場合に，失業中の生活を経済的に保障する制度である．会社役員や自営業者は対象外となる．

（4）労働者災害補償保険

労働者基準法に基づくもので，労働者が就業中や通勤中に負傷や死亡した場合に，事業主が療養の給付，休業補償，障害補償，遺族補償をする制度である．これも雇用保険同様に対象者は被雇用者に限られる．

（5）介護保険

介護保険とは，介護保険制度に基づくもので，保険者は市町村である．ただし，国，都道府県，医療保険者，年金保険者が介護計画の策定や保険料の徴収において市町村を支援する体制を整えている．

被保険者は，市町村に住所を有する40歳以上の国民である．ただし，65歳以上を第1号被保険者，40歳以上65歳未満の公的医療保険加入者を第2号被保険者と区分している．第2号保険者については，特定疾病を受けた者であれば介護給付が受けられる．

費用負担および保険料は，介護費から利用者負担（1割）を控除した後の

表14-1 医療保険の保険給付

制度名	法定給付			附加給付
	医療給付		現金給付	
	療養の給付・家族療養費	療養費等	休業補償・慶弔一時金	
被用者保険	7割給付.ただし年齢により異なる.	療養費,入院時食事療養費,高額療養費,訪問看護療養費,保険外併用療養費,移送費,高額介護合算療養費	傷病手当金,出産手当金,出産育児一時金,埋葬料（費）	健保組合・共済組合の一部で実施
国民健康保険	同上	同上	出産育児一時金,埋葬料	一部で実施
後期高齢者医療制度	9割給付.ただし,所得により異なる.	同上	埋葬料（費）	

半額を公費，残り半額が保険料の負担となっている．他にも居宅給付費や介護予防事業，施設等給付費および包括的支援事業等の負担割合がそれぞれ異なる．

（6） 給付方法

医療保険の給付には，法定給付と法定給付への上乗せ給付である附加給付がある．法定給付の種類としては，医療給付と現金給付（医療以外の給付）に区分される．

①医療給付

医療給付とは，病気やけがが治るまで，国の負担で医療を受けることができる制度のことである．医療給付の種類は，療養の給付，入院時食事療養費，入院時生活療養費，保険外併用療養費，療養費，訪問看護療養費，高額療養費，高額介護合算療養費などがある．また，長期入院や治療が長引く場合に，医療費の負担軽減のために，自己負担限度額を超えた部分が払い戻される高額療養費制度がある．

これらは，すべての医療保険制度が対象だが，保険外併用療養費の差額部分や入院時食事療養費，入院時生活療養費の自己負担額は対象にならない．また，人工透析を行う慢性腎不全，血友病，抗ウイルス剤を投与している後

天性免疫不全症候群の長期高額疾病の患者は，自己負担の限度額があり1万円である．単独で事故を起こした場合も，負傷を負えば，医療保険の給付対象になる．また，これらの給付は正常分娩，健康診断，予防接種，美容整形などでは，保険給付の対象にはならない．

②医療給付以外の現物給付

医療給付以外の現物給付として，①傷病手当金 ②出産育児一時金 ③出産手当金などがある．傷病手当金とは，被保険者が病気やけがのために働くことができず，会社を休んだ日が4日以上続く場合，4日目から支給される．標準報酬日額の3分の2に相当する額が，支給開始日から最長1年6ヶ月支給される．国民健康保険では任意給付となる．

出産育児一時金とは，健康保険法等に基づく保険給付として，健康保険や国民健康保険などの被保険者またはその被扶養者が出産した時に，出産にかかる費用の経済的な負担軽減のために支給される．支給額は一児につき42万円で，多胎児を出産した時は，胎児の人数だけ支給される．また，産科医療補償制度に加入していない医療機関等で出産した場合または在胎週数22週未満の分娩の場合は39万円となる．

出産手当金とは，被保険者が出産のため会社を休み，その間，事業主から報酬が受けられない時に支給される．標準報酬日額の3分の2に相当する額が出産の日以前42日目（多胎妊娠の場合は98日目）から，出産の翌日以後56日目までの範囲内で，仕事を休んだ期間を対象に支給される．

2）社会福祉

子ども，高齢者，障がい者，一人親家庭など，生活上でなんらかの支援や介助が必要となった人や（経済的に困難となった）ホームレスなど社会的ハンディキャップのある人に，生活の質を維持・向上させるためのサービスを社会的に提供すること，あるいはそのための制度や設備整備のことを指す．

3）公的扶助

　公的扶助では，国の公費が優先される公費医療と加入している保険が優先される公費医療，自治体が行う医療助成とがある．公費優先の公費医療は，原爆認定医療のように，国家責任を遂行するために実施されている．その他にも，戦傷病者療養給付，戦傷病者更生医療，原爆一般医療，生活保護世帯への医療扶助，介護扶助などがある．これらにかかる医療費は，全額公費が負担するので患者負担は無い．ただし，法律に規定があるものについては，患者の所得により費用徴収（患者負担金）が発生することもあるが，費用徴収は，医療保険の給付対象となる．その場合でも自己負担は3割に抑えられることになっている．

　次に，保険優先の公費医療は，保険にかかる患者負担金を公費が肩代わりすることで患者負担を軽減するものである．ただし，患者の所得により一部負担もある．国の公費医療の他に，都道府県あるいは市町村が単独で実施している医療費助成制度がある．自治体によって内容が異なるが，ほぼ保険優先の公費医療と同じ仕組みで運営されている．

4）保健医療・公衆衛生

　国民が健康に生活できるようさまざまな事項についての予防，衛生のための制度のことである．公衆衛生は，個人だけでなく集団および社会全体を対象に，医療サービスや疾病予防，健康づくりの保健事業，成人保健，母性の健康の保持・増進のための母子保健，心身ともに健全な児童の出生と育成を増進するための学校保健，食品や医薬品の安全性を確保する食品衛生などに適用される．

第3節　保健医療福祉の課題

　これからの保健・医療・福祉の課題は，「病院完結型」の体制から，保険・医療・福祉の専門家と地域住民が協力し，支えあう「地域完結型」の体

制に移行することである．そして，誰もが安心して住みなれた地域で暮らし続けられる地域社会づくりを進められるように，その受け皿となる地域の病床や在宅医療・介護を充実させ，地域ごとの医療・介護の予防に加え，本人の意向と生活実態に合わせて切れ目なく継続的に生活支援サービスや住まいも提供されるネットワークを構築する必要がある．例え要介護状態になったとしても，本人が望めば，可能な限り住み慣れた地域において自立した日常生活が送れるように，必要な医療および福祉サービスが何処にいても確実に提供される体制整備を進めることが大切である．それには，地域医療の整備や地域住民の理解と協力が欠かせないため，医療ソーシャルワーカーは，看護師と共に協力して，これを行う必要がある．

　地域医療，特に在宅医療は，家族に係る負荷は相当なものである．様々な福祉および介護サービスを利用しながら，在宅医療を継続しなければいけない．医療ソーシャルワーカーは，本人及び家族の様々な思いに寄り添いながら，最大の理解者および支援者になる必要がある．また，ソーシャルワークの技術を用い，良好な信頼関係のもとで本人及び家族の思いを汲み取り，ニーズの見極めや支援の必要性の判断および適切な制度の紹介や情報提供，サービスのコーディネーターの役割が期待される．

　在宅医療では，様々な専門職が関わるため，多専門職がスムーズに連携できるように，チームの中心となり，率先して体制作りを行うことも大切である．本人及び家族に一番近い専門職であることを意識しながら，時には他専門職にその意思を代弁することも必要だろう．そのため，他専門職と同じ土俵に立てるだけでの幅広い知識や高い対人援助技術が必要なため，日頃より，最新の制度を確認したり，研修等で対人援助技術を磨く努力や高い意識を保つことが大切である．また，円滑な提供体制を整えるためには，さらなる制度改正のための政策提言なども必要であると考える．

　　　参考文献
　　　　飯塚慶子『社会福祉士の合格教科書 2015』医学評論社，2014 年．

井村圭壯・相澤讓治『社会福祉の理論と制度』勁草書房，2010年．
大野勇夫『新医療福祉論』ミネルヴァ書房，1998年．
（社）日本医療社会事業協会編『保健医療ソーシャルワーク原論（改訂版）』相川書房，2001年．
相澤讓治編『保育士を目指す人の社会福祉（6訂）』（株）みらい，2012年．

第15章　看護と社会福祉

第 1 節　看護と社会福祉の共通性と相違性

　看護と社会福祉は相互に明確な違いはあるが，対人援助に関しては部分的に共通しているところも多く見られる．

　日本看護協会および国際看護師協会（ICN）での倫理綱領前文（2012年）では「看護師には4つの基本的責任がある．すなわち，健康を増進し，疾病を予防し，健康を回復し，苦痛を緩和することである．看護のニーズはあらゆる人々に普遍的である」[1]とされ，人々の尊厳，幸福を願い，人々の健康な生活の実現に貢献することとされている．

　看護師は主に，健康で幸福な生活を実現するために疾病の予防や治療等を行っている．また，患者の心理・精神・身体状況に合わせて対応している．患者の日常生活においては「健康」に着目して支援を行う．

　社会福祉には日本社会福祉士会の倫理綱領の前文（2005年）に「すべての人が人間としての尊厳を有し，価値ある存在であり，平等であることを深く認識する．われわれは平和を擁護し，人権と社会正義の原理に則り，サービス利用者本位の質の高い福祉サービスの開発と提供に努めることによって，社会福祉の推進とサービス利用者の自己実現をめざす専門職である」[2]とある．

　日常生活において，自らだけでは解決することが困難な問題に直面した場合，その個人に関する環境整備を行ったり，行政あるいは民間団体等を活用したりすることで，解決を支援することを目的としている．課題を抱える方がこれまでの日常生活をどのように送ってきたか，生活文化や生育歴，現在

おかれている状況を把握し，社会資源を用いて解決に向けての支援を行う．特に社会福祉においては「生活」に着目して支援を行うことが大きな特徴とされる．

主な仕事内容は，利用者の相談対応や関係機関との連絡調整をした上で，必要があれば福祉サービスや民間団体，NPO法人等多様なサポートや社会資源を活用することも含めて，助言や指導を行っている．

2つを比較すると相違はあるが，健康からアプローチする看護と，生活から問題解決していく社会福祉には，人間の「幸福」に貢献するという点で共通性がある．

第2節 看護職と福祉職の連携

看護領域における連携については，おおむね医療分野（病院・医療施設等）との間で行われている．病院の例を挙げると，医師の診察を経て，状況に合わせて各領域の専門職が介入し疾病の治療やリハビリ等を行う．また本人の心身・精神面のケアも含めた介入が必要とされる．この領域では看護師が身近に関わる専門職として役割を担う部分が大きい．自宅から通院している人に対しては病状の把握，治療の進行状況に応じたケアがなされる．

看護領域においては，人間を「健康」の側面から見た支援で専門性が発揮される．退院時に高齢者の在宅復帰や施設入所に関する情報交換を行う場合，医療ソーシャルワーカーや社会福祉士等が本人の相談に応じ，必要な情報提供と具体的な申請等のアドバイス等を行っている．

福祉領域の連携は専門職にとどまらず多岐にわたり，包括的に行われている．本人の現在置かれている状況について，生活課題が何かを把握し，それに対して他職種の専門職が介入し，自己実現できるための社会資源や行政支援，民間団体等を用いながら多角的にアプローチすることにより，課題解決へ向けて側面支援していく．また，特定非営利団体（NPO法人），ボランティア団体や民生委員等地域住民とも広く関わりながら支援している．

多様なサービスや支援が確立してはいるが，当事者のニーズは多種多様に存在している．家族関係，生活状態，既往歴，経済，身体・精神状況など個々の置かれている状況によって必要な援助が異なるからである．

医療・社会福祉においては，実践現場と研究者の連携が必要とされており，現場で試行錯誤しながら実践されている．それぞれの領域の専門性を尊重しながら，本人の身体，精神状態や生活環境等の変化に応じ，現状と照らし合わせながらケアを行っている．本人が心身ともに安心し，安定した日常生活を送れるよう支援することが必要である．

専門職同士がひとつの場に集まり，本人に対するケア方針について相談していくことが，施設・在宅を問わず多くの領域で可能になっているが，それぞれがどこまで介入するか，どの程度までの情報をやり取りしながら連携していくかについての明確な体制は確立されていない状況にある．

第3節　介護実践領域における看護職と福祉職の連携

1　施設入居者の連携事例

Aさん（86歳，女性）は脳梗塞により右半身の上下肢に麻痺がある．病院より退院後，継続的なリハビリと残っている言語障害のためケアが必要となり，介護老人福祉施設に入居している．

この場合，考えられる専門職間の連携として，①施設内看護師が日々のバイタルサイン等の把握と急変時の対応，定期受診を主に行う．日々の様子を受診の際に医師へ伝達し，適切な処置や対応へと橋渡しする．②理学・作業療法士は入院時の申し送り事項を基に本人の身体状況を把握し，可動域訓練や作業療法を取り入れてアプローチし，現状維持・回復を目指す．④施設内の生活指導員（社会福祉士等）は家族とのコミュニケーションを行い，施設入居までの流れなど必要な情報を入院時の医療ソーシャルワーカーより収集し，場合によっては退院前から介護保険申請等の手続き，入所後の本人の状

態や家族の思いを聞き，後のケア方針へ生かすような関係職種への情報提供を行う．⑤管理栄養士もしくは栄養士は，食事形態や食器類，食事量やカロリー等に関する部分でのアプローチを行い，随時適切な食事を提供する．日々の食事量についても介護福祉士らと連携を取り，摂取量が少ない場合には医療職へ繋ぎ必要な対応を行う．⑥介護福祉士は，日々の身体介護を行いながら，本人の体調はもとより，精神的，心理的にどのような思いでいるかを関わりから把握する．状況に合わせて関係職種へ繋ぐとともに，体調や言動等から最も身近な代弁者的存在としての役割を持つ．

　また，関係職種から得られる生活の中で取り入れるケア内容や身体的な動き等に関するアドバイスを基に，ケアを行っていく．このように多くの職種が専門性を生かしながら連携をとり，情報をケアに反映させることで，本人を包括的に支援していくことができる．

　施設の場合，情報の交換も早く，対応も迅速にでき，ケアの方針も統一しやすいため，連携が絶えず行われやすい状況にある．緊急時の対応についてもマニュアルが作成されており危機管理に備えてある場合が多い．

2　在宅療養者の連携事例

　Bさん（78歳，男性）は糖尿病により入院し，インスリンの注射が必要となった．在宅で1人暮らしでは生活部分に支障が出ることから，介護保険制度の枠内で定期的に訪問介護により家事援助を行っている．また，病状の管理等のため訪問看護や栄養指導等も行っている．

　この場合，連携している専門職が行うのは以下のことである．①医師（かかりつけ医）の診察によって健康状態を把握し内服薬を処方する．②訪問看護師は既往歴やインスリン注射の状況を見ながら，日常生活でのバイタルサインのチェック等を通した健康状態の把握，必要に応じた医師へ情報提供を行う．③ケアマネージャーは退院時に必要な介護支援計画を立案し，その人に合った生活支援を検討する．④介護福祉士は日常の掃除や洗濯，本人の健康に留意した食事の提供を行うとともに，不在時の生活状態を把握し，服薬

状態の確認をしながら看護職と連携し情報提供する．さらに，本人の生活において不都合な点や支障が出た場合について，ケアマネージャーへ報告し支援内容の検討を行う．⑤栄養士は疾病に合わせ，医師から提案されたカロリーコントロールや摂取状況に応じた献立の提案を行い，介護福祉士と連携して栄養状態を把握する．

3　包括的な連携体制について

　在宅の療養者を支えるために，専門職とは別に緊急時等に対応できる「福祉安全電話」を市町村の社会福祉協議会で行っている．このシステムは，本人からの通報により必要な対応を行うことができるものとして活用されている．その他，地域包括支援センターで，独自にITを活用して，テレビ電話を使いながら本人とコミュニケーションを取っている場合もある．

　また，外出が減り人との関わりが少なくなる可能性も考えられることから，地域によっては生活機能の維持とコミュニケーションの場の創出のため，市民センター等で，昼食と健康体操がセットになった会を定期的に開催するなど，地域住民で創意工夫をしながらさまざまな企画を行い，地域住民同士での関わりが多い所も見られる．

　施設に比べ在宅での専門職の連携は取りにくい点がいくつかある．制度により限られた時間内での関わりとなるため，緊急時の連絡体制や地域住民との協力関係づくりが必要となる．その際，日常的に関わる地域住民から本人の状況を確認すること，各専門職が現状を共有しながら，今後の状態変化に対応するための予防策などを検討しながら進めていくことが重要となる．

　比較的本人の生活に密着して関わる介護福祉士の視点から，急激な体重減少等を確認した際は，訪問看護師に伝え状況を分析し，適切な受診に繋ぐ．また，本人の生活能力に支障が生じた場合は，ケアマネージャーと連携し計画の再構築を行いながら生活力に合わせた支援方法を考え，各専門職へ具体的な支援を提供するよう提案する．こうしたことが求められるだろう．

注
1）日本看護協会および国際看護師協会（ICN）『ICN看護師の倫理綱領（2012年版）』2012年.
2）鈴木幸雄編著『現代の社会福祉』中央法規出版，2012年，P.166.

参考文献
鬼﨑信好編『コメディカルのための社会福祉概論（第2版）』講談社，2014年.
介護福祉士養成講座編集委員会編『介護過程　新・介護福祉士養成講座9』中央法規出版，2013年.
井上千津子・澤田信子・白澤政和・本間昭監修『介護過程　介護福祉士養成テキストブック8』ミネルヴァ書房，2009年.
松井圭三・小倉毅編著『社会福祉概論（改訂2版）』ふくろう出版，2013年.

事項索引

あ 行

赤い羽根共同募金会……………………45
アスペルガー症候群……………………101
アドボカシー……………………………73
遺族共済年金……………………………127
1.57ショック……………………………75
一部の業種を除く………………………126
5つの巨人………………………………15
意図的な感情表出の原則………………60
医療給付…………………………126, 128
医療給付以外の現物給付………………130
医療ソーシャルワーカー……………8, 132
医療扶助…………………………………107
医療保健計画……………………………10
医療保険制度……………………………123
医療保護施設……………………………110
インクルージョン………………………96
インテグレーション……………………96
受付第三者委員…………………………72
運営適正化委員会………………………92
NPO法……………………………………45
NPO法人…………………………………45
エリザベス救貧法………………………11
援護措置…………………………………100
応益負担……………………………102, 103
岡山孤児院………………………………17

か 行

介護給付…………………………………102
介護支援専門員………………………8, 51, 56
介護福祉士………………………………50
介護扶助…………………………………107
介護保険事業計画………………………10
介護保険事業支援計画…………………10
介護保険制度……………………………87
介護保険法…………………………29, 56, 86
介護予防・日常生活支援総合事業……90
介護予防事業……………………………89
学習障害…………………………………101
囲い込み運動……………………………11
活動（Activity）…………………………97
活動制限…………………………………98
家庭学校…………………………………17
感化院……………………………………17
感化法……………………………………17
間接援助技術…………………………62, 63
関連援助技術…………………………62, 63
基準及び程度の原則……………………106
機能・形態障害（Impairment）………97
機能回復訓練……………………………96
機能障害…………………………………98
救護施設…………………………………110
救護法……………………………………18
級地制度…………………………………108
教育扶助…………………………………107
協会けんぽ………………………………126

共生社会……………………………… 103
共同生活援助（グループホーム）…… 102
共同募金………………………………44
共同募金運動…………………………44
居宅…………………………………… 102
居宅介護……………………………… 102
ギルバート法…………………………11
キングスレー館………………………17
苦情受付担当者………………………72
苦情解決………………………………70
苦情解決が困難………………………72
苦情解決責任者………………………72
クライエント…………………………59
クライエントの自己決定の原則………61
グループワーク………………………63
軍事扶助法……………………………19
訓練等給付…………………………… 102
ケアマネジャー………………………8
計画募金………………………………44
契約締結審査会………………………92
ケースワーク…………………………63
現業員…………………………………34
健常者………………………………… 103
権利擁護…………………………… 70, 71
高額介護合算療養費制度…………… 128
後期高齢者医療制度………………… 127
合計特殊出生率………………21, 75, 81
後見……………………………………93
厚生事業………………………………19
厚生施設……………………………… 110
厚生労働省……………………………31
公的扶助………………………… 105, 124
広汎性発達障害……………………… 101
高齢社会対策基本法…………………86
高齢者虐待の防止，高齢者の養護者に対す

る支援等に関する法律………………93
高齢者虐待防止法……………………93
高齢者保健福祉推進10か年戦略 ……21
国際障害者年…………………………96
国際障害分類（ICIDH：International Classification of Impairments, Disabilities, and Handicaps）………………97
国際生活機能分類（ICF：International Classification of Functioning, Disability and Health）…………………………97
国際ソーシャルワーカー連盟（IFSW）……59
国富論…………………………………12
国民健康保険……………………126, 127
国民健康保険組合………………… 127
国民年金法……………………………20
国民皆保険・皆年金体制……………20
国立施設………………………………38
国立児童自立支援施設………………39
国立障害者リハビリテーションセンター
…………………………………………38
国家総動員法…………………………19
子ども・子育て支援法………………80
個別化の原則…………………………60
コミュニティワーカー………………44
米騒動…………………………………18
雇用均等・児童家庭局………………31
雇用保険…………………………… 128

さ　行

災害等準備金…………………………44
済世顧問制度………………………18, 42
歳末たすけあい運動…………………44
査察指導員……………………………34
参加（Participation）………………97
参加制約………………………………98

索　引

GHQ（連合国総司令部）……………………19
COS（慈善組織協会）……………………12
シーボーム報告……………………………15
支援費制度………………………22, 98, 102
施設入所支援………………………………102
市町村地域福祉計画……………………8, 10
市町村福祉事務所…………………………35
児童委員………………………………43, 117
児童虐待の防止等に関する法律…………79
児童相談所………………………36, 37, 101
児童手当法…………………………………78
児童の権利に関する条約…………………71
児童買春、児童ポルノに係る行為等の処罰及
　び児童の保護等に関する法律 …………79
児童福祉法………………………26, 67, 75, 76, 99
児童福祉法改正……………………………67
児童扶養手当法……………………………77
自閉症………………………………………101
社会・援護局………………………………31
社会通念……………………………………100
社会的不利（Handicap）…………………97
社会福祉……………………………………124
社会福祉協議会………………………43, 115
社会福祉士……………………………50, 55
社会福祉士及び介護福祉士法……………50
社会福祉事業法…………………………3, 19
社会福祉従事者……………………………49
社会福祉主事…………………………35, 51
社会福祉の概念……………………………3
社会福祉の民間活動………………………41
社会福祉法………………6, 21, 25, 43, 67
社会保障…………………………………3, 124
社会保障審議会……………………………33
社会保障制度………………………………124
社会保障制度に関する勧告………………3

社会保障法…………………………………14
住宅扶助……………………………………107
宿所提供施設………………………………110
授産施設……………………………………110
手段的日常生活動作（IADL：Instrumen-
　tal Activities of Daily Living）………97
恤救規則……………………………………17
出産扶助……………………………………107
主任介護支援専門員………………………56
主任児童委員………………………………43
受容の原則…………………………………61
障害支援区分……………………99, 102, 103
障害者支援施設……………………………100
障害者基本法………………………5, 6, 28, 99
障害共済年金、障害一時金………………127
障害者基本法…………………………28, 99
障害者虐待防止法…………………………103
障害者総合支援法………22, 29, 99, 101, 102
障害者の権利に関する条約………………103
障害者の日常生活及び社会生活を綜合的に
　支援するための法律（障害者総合支援法）
　……………………………………22, 29, 99
障害福祉サービス…………………………100
障がい福祉サービス………………………103
障害保健福祉部……………………………31
少子高齢社会………………………………2
少年教護法…………………………………18
障壁（バリア）……………………………103
職人ギルド…………………………………11
自立支援医療………………………………102
自立支援給付………………………………102
自立支援システム…………………………102
自立支援プログラム………………………111
自立生活（IL：Independent Living）…97
自立生活運動………………………………97

審議会……………………………………33
新救貧法………………………………12
人口論…………………………………12
心身機能・身体構造（Body functions & Structure）…………………………97
申請保護の原則………………………106
身体障害（がい）…………………26, 99
身体障害（がい）者…………36, 98, 100
身体障害者・知的障害者相談員……102
身体障害者更生相談所………………37, 101
身体障害者障害程度等級表…………100
身体障害者手帳………………………100
身体障害者福祉法…………………26, 100
スクールカウンセラー………………82
スクールソーシャルワーカー………82
生活機能………………………………98
生活扶助………………………………106
生活保護………………105, 106, 108, 109
生活保護（扶助）の種類……………106
生活保護基準…………………………108
生活保護施設…………………………109
生活保護の原則………………………106
生活保護の原理………………………105
生活保護法……………………26, 105, 106
精神作用物質…………………………100
精神疾患………………………………101
精神障害（がい）………………71, 99, 103
精神障害（がい）者……28, 69, 92, 100
精神障害者保健福祉手帳……………101
精神的障壁……………………………114
精神病質………………………………101
精神保健及び精神障害者福祉に関する法律…………………………………28
精神保健障害者社会復帰促進センター…………………………………100

精神保健福祉士………………………51
精神保健福祉センター………………101
精神保健福祉手帳……………………100
精神保健福祉法……………………28, 100
生存権………………………………1, 105
成年後見制度………………………71, 92
生命・生活・人生の質（QOL：Quality of life）……………………………96
説明責任………………………………68
セツルメント運動……………………12
全国社会福祉協議会…………………43
全国保育士会…………………………54
全国ボランティア活動実態調査……119
専門性…………………………………52
葬祭扶助………………………………107
相談援助………………………………59
相談援助の原則………………………60
ソーシャルインクルージョン（社会的包含）…………………………………16
ソーシャルワーク（social work）…14, 59
措置費制度……………………………98

た　行

第1号被保険者………………………87
第1種社会福祉事業…………………25
第2号被保険者………………………87
第2種社会福祉事業…………………25
退職共済年金…………………………127
第三者評価…………………………68, 70
滝乃川学園……………………………17
WHO（世界保健機構）………………97
地域支援事業…………………………89
地域生活支援事業……………………102
地域福祉計画…………………………115
地域福祉の定義………………………114

地域包括支援センター	56	日本精神保健福祉士協会倫理綱領	54
地域保健法	29	ニューディール政策	14
地域見守りネットワーク事業・あんしん見守りネットワーク事業	47	任意後見制度	71, 92
		脳機能障害	101
地域を基盤とした包括的かつ総合的な相談援助	64	能力低下（Disability）	97
		ノーマライゼーション（Normalization）	95
知的障害（がい）	36, 71, 99, 101, 103	ノーマライゼーション7か年戦略	21
知的障害者更生相談所	37, 101		
知的障害者福祉法	27, 100	**は 行**	
地方公共団体	33		
注意欠陥多動性障害	101	売春防止法	38
中途障がい	96	バイスティックの原則	60
直接援助技術	62	発達障害	99, 101
直接援助技術の方法	62	発達障害者支援法	101
適正化委員	72	ハル・ハウス	12
トインビー・ホール	12	バンクーミケルセン（Bank - mikkelsen, N. E.）	96
統合化	96		
統合失調症	100	阪神淡路大震災	120
統制された情緒的関与の原則	60	非審判的態度の原則	61
特定非営利活動促進法	45, 120	必要即応の原則	106
特別児童扶養手当法等の支給に関する法律	77	秘密保持の原則	62
		ヒューマンケアサービス	9
独立行政法人国立重度知的障害者総合施設のぞみの園	39	病気／変調（Disease or Disorder）	97
		福祉3法体制	19
独立行政法人福祉医療機構	39	福祉関係8法	21
都道府県福祉事務所	35	福祉元年	20
		福祉教育	114
な 行		福祉事務所	34, 35, 36, 101
		福祉見直し期	20
ナショナル・ミニマム	13	福祉6法体制	20
日常生活自立支援事業	44, 69, 71, 91	婦人相談員	38
日常生活動作（ADL：Activities of Daily Living）	96	婦人相談所	38
		物理的障壁	114
日本介護福祉士会倫理綱領	54	ベヴァリッジ報告	15
日本国憲法	3, 19	保育士	51
日本社会福祉士会倫理綱領	53		

包括的支援事業……………………… 90, 91
法定後見制度………………………… 71, 92
方面委員制……………………………… 18
方面委員制度…………………………… 42
保健・福祉・医療の連携………………… 7
保健医療・公衆衛生………………… 124
保健医療福祉………………………… 123
保健所………………………………… 102
保護司………………………………… 117
保佐…………………………………… 92
母子及び父子並びに寡婦福祉法…… 27, 78
母子健康手帳制度……………………… 78
母子保健法…………………………… 30, 78
補助……………………………………… 92
補装具………………………………… 102
補足性の原理……………………… 106, 112
捕捉率………………………………… 111
ボランティア…………………………… 46
ボランティア活動…………………… 119
ボランティアセンター………………… 46

ま 行

ミーンズテスト……………………… 130
民生委員…………………………… 42, 117
民生委員・児童委員…………… 42, 45, 102
民生委員法…………………………… 30, 42
燃え尽き（バーンアウト）…………… 64

や 行

ユニバーサルデザイン……………… 103
ヨーク調査……………………………… 12

ら 行

リハビリテーション（Rehabilitation）……96
倫理綱領………………………………… 53
倫理的ジレンマ………………………… 55
劣等処遇の原則………………………… 12
老健局…………………………………… 31
老人福祉法……………………………… 27
老人福祉法等の一部を改正する法律……21
老人保健法……………………………… 85
労働者災害補償保険………………… 128
労働力調査……………………………… 49

わ 行

ワークハウス…………………………… 11
ワークハウス・テスト………………… 11

人名索引

あ行

アダムス（Addams, J.）……………12
石井十次…………………………17
石井亮一…………………………17
ウエッブ（Webb, B.）………………13
ヴォルフェンスベルガー（Wolfensberger,W.）
　………………………………96
大橋謙策…………………………114

か行

笠井信一…………………………18
片山潜……………………………17
河上肇……………………………18
木村忠二郎………………………4
窪田暁子…………………………64
黒川昭登…………………………62
ケネディ（Kennedy, J. F.）…………14
小河滋次郎………………………18

さ行

サッチャー（Thatcher, M.）…………15
ジョンソン（Johnson, L. B.）………14
スミス（Smith, A.）…………………12

た行

留岡幸助…………………………17

な行

ニィリエ（Nirje, B.）………………96

は行

バーネット（Barnett, S.）……………12
バイスティック（Biestek,F.P.）………60
ビスマルク（Bismarck, O. V.）………13
ブース（Booth, C.）…………………12
ブラウン（Brown, J. G.）……………16
ブレア（Blair, T.）…………………16
ベヴァリッジ（Beveridge, W. H.）……15
林市蔵……………………………18

ま行

マルクス（Marx, K.）………………13
マルサス（Malthus, T. R.）…………12

や行

横山源之助………………………17

ら行

ラウントリー（Rowntree, B. S.）……12
ルーズベルト（Roosevelt, F. D.）……14
レーガン（Reagan, R. W.）…………14

執筆者一覧

第1章	一子子（いちこ こねこ）宗壮（そう そう）綱（つな）生雄一治守明学の伸昭子香美三	豊岡短期大学
第2章1節	真和智慶（しん かず とも けい）圭	聖和学園短期大学
第2章2節	藤島（とう しま）慶圭（けい けい）	東北福祉大学
第3章1,2節	合井村（あい い むら）井田田中邊澤川永野形谷野國	関西女子短期大学
第3章3節	今井（いま い）田（だ）	岡山県立大学
第4章	鎌田（かま だ）隆（たか）	四国医療福祉専門学校
第5章	森田（もり た）田中（た なか）康慶（やす けい）	華頂短期大学
第6章	野田（の だ）中邊（なか べ）	浦和大学
第7章	渡邊（わた なべ）慶譲（けい じょう）	京都文教短期大学
第8章	相澤（あい ざわ）譲明（じょう あき）	神戸学院大学
第9章	吉川（よし かわ）明典（あき のり）	佛教大学
第10章	土永（つち なが）典学（のり まなぶ）	新潟青陵大学短期大学部
第11章	阪野（さか の）学伸（まなぶ のぶ）	大阪成蹊短期大学
第12章	安形（あ がた）伸元昭子（のぶ もと あき こ）	倉敷市立短期大学
第13章	長谷川（は せ がわ）洋（よう）	田園調布学園大学
第14章	古野（ふる の）愛美（あい み）	福岡こども短期大学
第15章	三國（み くに）香美（か み）	青森明の星短期大学

編著者略歴

井村圭壯
1955年生まれ
現　在　岡山県立大学教授，博士（社会福祉学）
主　著　『養老事業施設の形成と展開に関する研究』（西日本法規出版，2004年）
　　　　『戦前期石井記念愛染園に関する研究』（西日本法規出版，2004年）
　　　　『日本の養老院史』（学文社，2005年）
　　　　『日本社会福祉史』（編著，勁草書房，2007年）
　　　　『社会福祉の成立と課題』（編著，勁草書房，2012年）

相澤譲治
1958年生まれ
現　在　神戸学院大学教授
主　著　『福祉職員のスキルアップ』（勁草書房，2005年）
　　　　『介護福祉実践論』（久美出版，2005年）
　　　　『スーパービジョンの方法』（相川書房，2006年）
　　　　『相談援助の基盤と専門職』（編著，久美出版，2009年）

社会福祉の基本と課題

2015年2月20日　第1版第1刷発行
2018年5月20日　第1版第4刷発行

編著者　井村圭壯
　　　　相澤譲治
発行者　井村寿人

発行所　株式会社　勁草書房
112-0005　東京都文京区水道2-1-1　振替　00150-2-175253
電話（編集）03-3815-5277／ＦＡＸ　03-3814-6968
電話（営業）03-3814-6861／ＦＡＸ　03-3814-6854
港北出版印刷・松岳社

Ⓒ IMURA Keiso, AIZAWA Jôji 2015

ISBN978-4-326-70085-1　　Printed in Japan

JCOPY　＜(社)出版者著作権管理機構　委託出版物＞
本書の無断複写は著作権法上での例外を除き禁じられています。
複写される場合は，そのつど事前に，(株)出版者著作権管理機構
（電話 03-3513-6969，FAX 03-3513-6979，e-mail：info@jcopy.or.jp）
の許諾を得てください。

＊落丁本・乱丁本はお取替いたします。
　　　　http://www.keisoshobo.co.jp

Rジャック著，小田兼三ほか訳 施設ケア対コミュニティケア	3,500円	60127-1
相澤譲治・栗山直子編著 家族福祉論	2,400円	60149-3
井村圭壯・相澤譲治 編著 児童家庭福祉の成立と課題	2,400円	70077-6
井村圭壯・相澤譲治編著（福祉の基本体系シリーズ①） 社会福祉の基本体系 第4版	2,400円	70058-5
井村圭壯・相澤譲治編著（福祉の基本体系シリーズ②） 福祉制度改革の基本体系	2,700円	60144-8
井村圭壯・相澤譲治編著（福祉の基本体系シリーズ④） 総合福祉の基本体系 第2版	2,400円	60191-2
井村圭壯・藤原正範編著（福祉の基本体系シリーズ⑥） 日本社会福祉史	2,400円	60197-4
井村圭壯・谷川和昭編著（福祉の基本体系シリーズ⑦） 社会福祉援助の基本体系	2,400円	60199-8
井村圭壯・相澤譲治編著（福祉の基本体系シリーズ⑧） 社会福祉の理論と制度	2,400円	70065-3
井村圭壯・相澤譲治編著（福祉の基本体系シリーズ⑨） 児童家庭福祉の理論と制度	2,400円	70071-4
井村圭壯・相澤譲治編著 社会福祉の成立と課題	3,400円	70072-1

———— 勁草書房刊

＊ 表示価格は2018年5月現在．消費税は含まれておりません．